Sven Paul

Glück und Ökonomie

Happiness und Subjektives Wohlbefinden als
Grundlagen wirtschaftlichen Handelns

Diplomica Verlag GmbH

Paul, Sven: Glück und Ökonomie: Happiness und Subjektives Wohlbefinden als Grundlagen wirtschaftlichen Handelns. Hamburg, Diplomica Verlag GmbH 2015

Buch-ISBN: 978-3-95934-643-6
PDF-eBook-ISBN: 978-3-95934-143-1
Druck/Herstellung: Diplomica® Verlag GmbH, Hamburg, 2015

Bibliografische Information der Deutschen Nationalbibliothek:
Die Deutsche Nationalbibliothek verzeichnet diese Publikation in der Deutschen Nationalbibliografie; detaillierte bibliografische Daten sind im Internet über http://dnb.d-nb.de abrufbar.

© Diplomica Verlag GmbH
Hermannstal 119k, 22119 Hamburg
http://www.diplomica-verlag.de, Hamburg 2015
Printed in Germany

Inhaltsverzeichnis

Abbildungs- und Tabellenverzeichnis

1 Einleitung

Der Mensch, so der zeitgenössische italienische Philosoph GEORGIO AGAMBEN, ist - im Normalzustand - an seine Lebensweise, die „Form" seines Lebens, gebunden. Nicht nur das biologische Leben selbst, sondern auch die gewählte Art zu Leben, sind vom Menschen untrennbar.

> „[Der Mensch ist] – insofern er also Möglichkeitswesen ist und tun und lassen, Erfolg haben oder scheitern, sich verlieren oder zu sich finden kann – das einzige Wesen, in dessen Leben es immer um die Glückseligkeit geht, dessen Leben unweigerlich und schmerzhaft dem Glück anheimgestellt ist. [...] Das Leben im normal gewordenen Ausnahmezustand ist das bloße Leben, das die Lebensformen in allen Bereichen von ihrem Zusammenhalt in einer Lebens-Form scheidet" (AGAMBEN 2001: 13ff).

Sollte AGAMBENS Analyse zutreffen, so wird in der Politik das menschliche Leben von seinem Glück getrennt und so der Ausnahmezustand hergestellt. Das Glück wäre die Sache des Einzelnen, die körperliche Unversehrtheit im mehr oder weniger weiten Sinne werde als ablösbarer Schutzbereich staatlichen Handelns betrachtet. Auf ungefähr dieser ethischen Basis beruht die neoklassische Ökonomie. Diese Ethik ist das Ergebnis einer Entwicklung, die ironischerweise ihren Ausgangspunkt gerade im „größten Glück der größten Zahl" auch Maßgabe staatlichen Handelns hatte. BOHNEN (1992: 329) beschreibt diese Entwicklung als Amputation einer Ethik, die in einer Sackgasse endete (vgl. ebd.: 335). Wie es für Sackgassen üblich ist, führt der Weg hinaus nur zurück. Kann der Normalzustand in AGAMBENS Sinne, also die Berücksichtigung der Wirkungen des Wirtschaftens auf die glücksbestimmende Lebensform des Menschen, für die Wirtschaftswissenschaften über eine Rückkehr zu diesem Prinzip erreicht werden?

1.1 Context

Es ist ein doppelter Kampf. Einerseits muss man sich täglich den suggestiven Werbebotschaften und aggressiven Verkaufspraktiken erwehren, denen der Nutzen des theoretisch souveränen Konsumenten völlig gleichgültig ist. Andererseits muss man für jedes noch so konkrete Bedürfnis aus dem unendlichen Raum der Möglichkeiten unter Aufwendung von Zeit und Mühe ein passendes Mittel zu dessen Befriedigung suchen. Diese Zeitverschwendung verdrängt zuweilen die Beschäftigung mit der Frage, was man eigentlich will. Nicht nur, dass dieser doppelte Kampf keinen Spaß macht, auch als praktische Lebenserfahrung stimmt er nicht mit der Kausalkette der Wirtschaftstheorie überein, die bei den Bedürfnissen der Menschen beginnt. Zu dieser lebensweltlichen Ferne kommen theoretische Mängel und fragwürdige Implikationen, die ein Unbehagen gegenüber dieser Wissenschaft auslösen, dem ich in bisherigen Arbeiten über die Analyse wirtschaftswissenschaftlicher Grundbegriffe nachgegangen bin. Gegenstand dieser Arbeit ist der Nutzenbegriff.

Wenn für das Individuum die weitestgehende Befriedigung seiner unersättlichen Bedürfnisse Maßstab allen Handelns ist, welchen Maßstab hat dann die Gesellschaft als konkreter Träger der Volkswirtschaft? Unglücklicherweise eignet sich der Nutzenbegriff nicht, gesellschaftliche Zustände zu erfassen. Zudem gibt es keinen Raum für Kritik, denn alles ist per Annahme (in Marktgesellschaften bzw. idealen ökonomischen Systemen) wie die Menschen es wollen. Ich habe aber Zweifel, dass die Menschen diesen ewigen Kampf wirklich wollen.

In einem Zeitungsartikel über „Wahren Reichtum" (MÜLLER 2004) stieß ich erstmal auf eine Alternative, der ich in RICHARD LAYARDS Buch zur „glücklichen Gesellschaft" Ende 2005 wieder begegnet bin. Sie gibt dem Wirtschaften einen nachprüfbaren Sinn, der Kritik einen Halt und ermöglicht eine Verortung der Ökonomie in ihrer gesellschaftlichen Umwelt. Diese Alternative verwendet das Glück der Menschen als Kriterium für eine gute Gesellschaft, die als Gemeinschaft am glücklichsten ist.

1.2 Content

Zuerst soll der geistige Vater der Idee des größten Glücks, JEREMY BENTHAM (1748-1832), vorgestellt und die Hintergründe der Entstehung dieser Idee beleuchtet werden. Die Idee wird dabei in ihren Elementen dargestellt und der Bezug zum aristotelischen Verständnis von Glück hergestellt. Dem wird der neoklassische Nutzenbegriff gegenübergestellt, um daraufhin Verbindungslinien zu BENTHAM zu suchen und konzeptionelle Gemeinsamkeiten aufzudecken.

Die anschließende Darstellung der Kritik am Nutzenbegriff soll die Notwendigkeit der Suche nach einer Alternative im dritten Kapitel begründen. Der dargestellte Weg vom Glück zum Nutzen wurde von den Ökonomen gewählt, um Schwierigkeiten zu bewältigen, die aber aus heutiger Sicht neu zu bewerten sind. Daher ist es durchaus viel versprechend auf den Glücksbegriff mit neuen Hilfsmitteln und vor neuen Hintergründen zurückzugreifen. Wie dieser Rückgriff aussieht, wird im vierten Kapitel dargestellt. Zum einen wird, um die facettenreiche Beschäftigung mit dem neuen Ansatz zu strukturieren und methodische Anmerkungen einzubringen, eine mehr oder weniger künstliche Trennung in Empirie, Theorie und Praxis vorgenommen. Zum anderen wird die inhaltliche Befüllung des

Glücksbegriffs auf ihre Relevanz für ökonomische Größen untersucht und die Rückwirkungen der Ökonomie auf andere Quellen des Glücks dargestellt.

Das fünfte Kapitel ist ein für diese Arbeit unerlässlicher Exkurs über das Maximierungspostulat. Da der Nutzenbegriff seine Bedeutung auch über die Vorstellung entfaltet, der Nutzen sei zu maximieren bzw. werde maximiert, wird geprüft, inwieweit sich der Glücksbegriff für solcherlei Heuristik eignet, bzw. wie glaubhaft die Maximierung von Glück als Beschreibung menschlichen Handelns ist. Nachdem dies nicht oder nur mit schweren Einschränkungen positiv beschieden werden kann, muss – zusammen mit der Erkenntnis, dass nur eine geringe Teilmenge aller glücksstiftenden Dinge marktfähig sind – gefragt werden, was von der Ökonomie auf Basis des Glücks übrig bleibt. Im sechsten Kapitel werden ein erweiterter Produktionsbegriff, ein neuer Fokus auf Prozesse und eine Reformulierung von Wohlfahrt als Lösungsmenge vorgeschlagen und erläutert. Abschließend werden die Ergebnisse zusammengefasst.

2 Vom Glück zum Nutzen

Dass der Nutzenbegriff *Utility* aus dem klassischen Utilitarismus hervorging, wird durch den gemeinsamen Wortstamm nahe gelegt. „The concept of »utility« is generally associated with Jeremy Bentham's moral philosophy" bestätigt MOSSELMANS (2006: 699) diese Vermutung. Zudem ist die Verbindung in der Forderung, vom Modell individueller Nutzenmaximierung zu BENTHAM zurückzukehren (vgl. LAYARD 2005a: 143), enthalten. Wenn man zu BENTHAM zurück soll, dann müsste man ja dort her kommen. Im Folgenden soll der (vermeintliche) Ausgangspunkt dargestellt, wesentliche Einmündungen und Abzweigungen entlang des Weges beschrieben und der Ort der Ankunft kritisch hinterfragt werden. Was ist der klassische Utilitarismus? Welche Verbindungen zum Nutzenbegriff neoklassischer Prägung gibt es? Wie hat der Utilitarismus Eingang in die Wirtschaftstheorie gefunden und was ist auf den verschlungenen Pfaden verloren gegangen?

2.1 Das Prinzip des größten Glücks

Der klassische Utilitarismus erhielt seinen Namen durch JEREMY BENTHAMS *Principle of Utility*, dass er 1780[1] in seiner Arbeit „An Introduction to the Principles of Morals and Legislation" formulierte. Nach mehreren Überarbeitungen gab der britische Rechtsphilosoph dem Prinzip als dem des größten Glücks[2] (*The Greatest Happiness Principle*) die Form, auf die sich meistens bezogen wurde und wird. Den Begriff *Utility* hatte BENTHAM von den Philosophen HUME und HELVETICUS übernommen. Dort war der Begriff aber „not well manifestly connected with the notion of maximizing happiness or pleasure" (DINWIDDY 1989: 26), so dass BENTHAMS Utilitarismus wahrscheinlich treffender als Hedonismus[3] benthamscher Prägung beschrieben wäre. Die Weiterentwicklung erfolgte im Wesentlichen durch JOHN STUART MILL und HENRY SIDGWICK. Während MILL (1976) über die Kritik an

---

[1] Vgl. BENTHAM (1781: 14); 1781 soll der Druck, der 1780 in Auftrag gegeben wurde (vgl. DINWIDDY 1989: 3) fertig gestellt worden sein, weshalb dieses Jahr auf der Umschlagseite des Buches angegeben wird. Die Veröffentlichung erfolgte erst 1789. Zitiert wird hier aus einer Internetausgabe.

[2] An der Übersetzung von *Happiness* mit *Glück* stört sich POLLARD (1992: 10): „Wie soll »happiness« übersetzt werden, da es ja, nach Bentham, zu maximieren gilt? Als »Glück« ganz bestimmt nicht: vielleicht als Glückseligkeitsdrang". Da mit *Glück* verschiedene Vorstellungen verbunden sein können, die noch ausgearbeitet werden, verwende ich es trotzdem als Übersetzung, auch wenn es immer als *Glück im benthamschen Sinne* gedacht werden muss.

[3] „Eine Auffassung, die F[reude] zum höchsten Prinzip erklärt, heißt Hedonismus" (HÖFFE 1997: 80). Dabei wird in verschiedene Ausprägungen unterschieden, wobei „der von der christlichen Tradition beeinflusste utilitaristische Hedonismus das Glück für möglichst viele sucht" (ebd.).

BENTHAMS Version, die als Schweinephilosophie[4] diffamiert wurde, arbeitete, konnte SIDGWICK (2006) durch analytische und sprachliche Genauigkeit die „bei weitem anspruchsvollste und differenzierteste Variante der utilitaristischen Ethik im neunzehnten Jahrhundert" (GÄHDE/SCHRADER 1992: 8) vorlegen.

Da hier aber nicht der klassische Utilitarismus als Ethik selbst, sondern dessen Einfluss auf den Nutzenbegriff neoklassischer Prägung untersucht werden soll, wird auf die Weiterentwicklungen nur insofern eingegangen, als es dieser Fragestellung dient. Festzuhalten ist, dass es sich bei BENTHAMS Utilitarismus um ein offensichtlich unausgereiftes ethisches Konzept handelt, an dem harsche Kritik geübt wurde. Dennoch wurde und wird sich in den Wirtschaftswissenschaften gerade auf dieses Konzept bezogen. Allerdings haben die Wirtschaftswissenschaftler mit ihrer Methode und unter den besonderen Umständen ihres Fachgebietes eigene Konsequenzen aus den benthamschen Unzulänglichkeiten gezogen. Die Ursache für die Bezugnahme ist genauso Gegenstand der folgenden Ausführungen wie der Umgang mit den Unzulänglichkeiten.

2.1.1 Benthams biografischer Hintergrund

Der 1748 geborene und als hochbegabt geltende BENTHAM schrieb in verschiedenen Funktionen und aus unterschiedlichen Motivationen heraus.[5] Rechtsphilosoph wurde er, weil er einen Rahmen für die Gesetzgebung suchte. Deren praktische Interpretation gab er auf, weil er die Rechtsordnung seiner Zeit in England als inkonsistent ansah. Konsistenz glaubte er in einem grundlegenden Prinzip finden zu können, an dem sich alle Gesetze messen lassen sollten. Seine Arbeiten waren Kommentare, Fragmente und mehr oder minder ausgearbeitete Gedankenskizzen, die Ende des achtzehnten und zu Beginn des neunzehnten Jahrhunderts auch nur wenig Beachtung fanden. Aus der wissenschaftlichen Arbeit flüchtete er in die Umsetzung eines als „Panoptikum" bekannten Gefängnisbauprojektes. Als dieses an Interessenkonflikten mit Grundbesitzern scheiterte, obwohl es das Parlament bereits befürwortet hatte, wurde er sich seiner Herkunft und lebenslangen Verhaftung der Mittelschicht bewusst, als dessen Interessenvertreter er immer auftrat und in dessen Kon-

---

[4] Der „pig-philosophy" Vorwurf entspringt der Vorstellung, dass es höheres Glück und niederes Glück gebe. Das Kegelspiel des Proletariats sei mit dem Genuss klassischer Musik nicht zu vergleichen. Auch wenn diese Vorstellung mit der Legitimation des guten Geschmacks als Machtmittel (BOURDIEU 1982: 388f) zu erklären und zu entkräften ist, kommen Utilitaristen nicht umhin, einige Freuden wie Sadismus, Missgunst, Neid, Tücke (HARSANYI 1982: 56) als niedere, antisoziale oder unakzeptable Freuden zu disqualifizieren.

[5] Die biografischen Daten entstammen soweit nicht anders angegeben DINWIDDY (1989: 1-19).

text seine theoretische Arbeit zu verstehen ist.[6] „Der Utilitarismus stellt [deshalb] weniger eine spekulative Universitätsphilosophie, als eine auf konkrete politische Verhältnisse [...] gerichtete Rechts- und Gesellschaftskritik dar" (HÖFFE 1992: 121). Fortan widmete er sich Verfassungsentwürfen für entstehende bzw. sich wandelnde Nationen – mit ebenfalls bescheidenem Erfolg. Inzwischen konnte er jedoch als Theoretiker einige Anerkennung gewinnen und seinen Lebensabend verbrachte er in Gesellschaft von JAMES STUART MILL, seinem größten Bewunderer und gleichzeitig größtem Kritiker, jüngeren Anhängern und einem stetem Strom an Besuchern - unter dem sich auch die Ökonomen DAVID RICARDO und JEAN-BAPTISTE SAY befanden. BENTHAM starb, als kauzig und eitel geltend, 1832[7].

2.1.2 Die Elemente des Prinzips

Das Prinzip des größten Glücks enthält eine positive und eine normative Komponente, die BENTHAM (1781: 14) zu Beginn seiner „Introduction" nebeneinander stellt:

> „Nature has placed mankind under the governance of two sovereign masters, pain and pleasure. It is for them alone to point out what we ought to do, as well as to determine what we shall do. On the one hand the standard of right and wrong, on the other the chain of causes and effects, are fastened to their throne".

Menschliches Handeln ließe sich zum einen als Versuch beschreiben, *pain* zu vermeiden und *pleasure*[8] zu erlangen, andererseits sei jedes Verhalten moralisch richtig, das genau dies tun würde. *Pleasure* ist das, was man lieber fühlt als es nicht zu fühlen und *pain* entsprechend „every sensation that a man had rather feel none than feel" (BENTHAM, zitiert nach DINWIDDY 1989: 22).

Wie genau die benthamschen Glückskategorien unser Verhalten beeinflussen, wird in einem nicht ganz trennscharfen Mechanismus von Motiven und Interessen einerseits und Sanktionen andererseits beschrieben: BENTHAM erstellt eine Liste an Dingen, die als positiv wahrgenommen und deshalb angestrebt werden (BENTHAM 1781: 35f). Aus dieser Liste leitet er drei übergeordnete Motive bzw. Interessen ab, die menschlichem Handeln zu

---

[6] Vgl. POLLARD (1992: 16ff); so beinhalten seine Ausarbeitungen scharfe Angriffe auf die als korrupt geltende Oberschicht und zeigen auch die Geringschätzung der Unterschicht, denen er nicht zubilligt, ihr Glück und den Weg dahin zu kennen.

[7] Das Sterbejahr entstammt der ansonsten dünnen Biografie des Bentham Project's des University Colleges London (UCL 2006).

[8] Die genaue Bedeutung dieser Begriffe und die damit verbundenen Probleme werden noch behandelt. Um dem nicht vorzugreifen wird bis dahin von einer Übersetzung abgesehen.

11

Grunde liegen. Neben den als eher schwach betrachteten *sozialen und unsozialen Motiven*[9] spielen *selbstbezogene Motive* die Hauptrolle. Diesen Interessen stehen einschränkend Sympathie (die Anerkennung des Anderen), politische, religiöse und moralische Institutionen (die kollektive Meinung zu bestimmten Handlungsweisen) sowie physische Anforderungen der Natur als Sanktionen gegenüber.

Die Liste, die BENTHAM aufstellt enthält Dinge, die sowohl positiv als auch negativ wirken können. Man kann sie nicht als Anleitung zum Glück verstehen oder als empirische Erhebung zur dominanten Wirkung verschiedener Ereignisse (*sensations*). Sie enthält lediglich wichtige Aspekte des Lebens, die in ihrer Vielfalt beachtenswert sind und ist eher intuitiv und auf Vermutungen gestützt.[10] Diese Herangehensweise wirft die Frage nach der richtigen Methode zur Erstellung einer Liste von Dingen, die glücklich machen, auf. Dabei ist fraglich, ob solche Listen sowieso nur den kleinsten gemeinsame Nenner enthalten oder unangemessen verallgemeinern. Sind die Wirkungen bestimmter Ereignisse auf unser Glück den Ereignissen oder uns eingeprägt? Lassen sich die Ereignisse und Wirkungen in ihrer Vielfalt überhaupt auf eine Größe herunter brechen?

Wenn unser Handeln durch den Wunsch gelenkt ist, *pleasure* zu erlangen und *pain* zu vermeiden, wie funktioniert diese Lenkung dann? Wie können Wohlstand, ein guter Ruf, Freundschaft und Erinnerungen (um einige Beispiel aus BENTHAMS Liste zu nennen) verglichen und eine Entscheidung getroffen werden? Wenn man nicht von einem inneren unbewussten natürlichen Mechanismus ausgeht, der unser Handeln zu instinktivem Verhalten reduzieren würde, dann ist es schon schwierig die Kommensurabilität[11] von Ereignissen zu erklären, die genau ein spezifisches Interesse bedienen, geschweige denn der Ereignisse, die verschiedene Motive beeinflussen. BENTHAM (1781: 31ff) bietet unter anderem die Dauer, die Intensität, die Nähe und die Sicherheit als Indikatoren an. Wie diese Indikatoren zu einem Instrument des Vergleichs zusammen gefügt werden können, bleibt offen. Nicht der Aspekt der Auswahl zwischen Alternativen steht im Vordergrund seiner Betrachtungen, sondern die Wirkungstendenz eines Ereignisses: „The general tendency of an act is

---

[9] Zu dieser Kategorie gehören Antipathie und Missgunst. Vgl. DINWIDDY (1989: 24).

[10] Dies trifft auch für andere Listen dieser Art zu: BENZ (2005: 6) leitet aus der psychologischen Literatur „Three innate needs" ab: „atonomy, competence and reatedness" (Vgl. Abschnitt 6.4); BECKER (1993: 4) sieht „Gesundheit, Prestige, Sinnenfreude, Wohlwollen oder Neid" als wesentliche Aspekte des Lebens (Vgl. Abschnitt 6.2) und MARTHA NUSSBAUM (1993) formuliert zehn Fähigkeiten, die Gesellschaften ihren Bürgern ermöglichen sollten, als essentielle Elemente eines menschlichen Daseins.

[11] Die Möglichkeit der Rückführung verschiedener Zustände auf eine vergleichbare Einheit.

more or less pernicious, according to the sum total of its consequences: that is, according to the difference between the sum of such as are good, and the sum of such as are evil" (BENTHAM 1781: 62).

Die normative Aussage „Gut ist, was glücklich macht" enthält nicht, wessen Glück gemeint ist und wer sich in seinen Handlungen dieser Richtschnur stellen muss. Bentham sieht „the greatest happiness of the members of the community" als zu betrachtende Einheit und als „a matter of necessity, to make a sacrifice of a portion of happiness of a few, to the greater happiness of the rest" (BENTHAM in DINWIDDY 1989: 26). Gemeinwohl und Umverteilung sind demnach wesentliche Aspekte in BENTHAMS Denken. Dies zu organisieren sei das einzig richtige und angemessene Ziel einer Regierung. Allerdings könne jeder selbst am besten beurteilen, wie er sein Glück sehe und erreiche. Deshalb sei „the most important mechanism whereby happiness in the aggregate could be maximized was the basic drive of each individual to maximize his own happiness" (DINWIDDY 1989: 28).[12]

Das Wohl einer Gemeinschaft besteht aus der Summe des Glücks seiner Mitglieder (vgl. BENTHAM 1781: 15). Diese Mitglieder sollen ihr Glück selbst definieren und verfolgen. Wenn also das Glück der Menschen von ihnen selbst bestimmt wird und deren Verfolgung ihnen selbst übertragen wird, worin besteht dann der Anspruch an den Staat? BENTHAM hat hier einerseits offenbar ein ausgeprägtes Gefühl für die Auswirkung der Handlungen des einen auf das Glück der anderen. Zum anderen traut er dem Individuum nicht ganz. Deshalb wird der Regierung ein dreistufiges Programm zu Lenkung individuellen Verhaltens auf das Wohl der Gemeinschaft hin nah gelegt. Dies beinhaltet erstens die Lenkung durch Bestrafung, zweitens durch Propaganda und öffentlichen Druck und drittens durch eine *private deontology* – einem Lehrer, dessen Aufgabe es ist, „to instruct the individual how to maximize his own happiness" (DINWIDDY 1989: 31). Könnte Rücksichtnahme als moralischer Standard nicht effektiver sein, um die Wirkungen meines Handelns auf andere zu beachten? BENTHAM sieht an dieser Stelle das Problem, diesen Standard zu vermitteln – dies ist offensichtlich die Grenze der Steuerungsfähigkeit, die er der Regierung zugesteht.

---

[12] Auch hier ist nicht von einer absoluten, hergeleiteten Aussage auszugehen. BENTHAM vermutet vielmehr die Tendenz, dass das Ergebnis von Gesellschaften, in denen selbstbezogenes Handeln vorherrscht, gegenüber Gesellschaften „in which each person concerned himself principally with the happiness of others" (DINWIDDY 1989: 28) besser ausfällt. Hier werden die extremen Pole einer Skala verglichen, zwischen denen es deutlich bessere Ergebnisse geben kann als an den Enden.

BENTHAMS Utilitarismus wird oft der Aristotelischen Ethik gegenübergestellt.[13] Bei SCHAAF (1991) und LATOUCHE (2004) fließen die Philosophien aus Fernost, Afrika und dem Mittelmeerraum in den Vergleich ein. Bei ARISTOTELES[14] entstammt das Glück einer aktiven Tätigkeit, die an eigenen Maßstäben (oder denen der Gesellschaft) gemessen gut ausgeführt wird und gewöhnlich mit *pleasure* einhergeht: „Pleasure perfects the activity" (ARISTOTELES zitiert nach ROZIN 1999: 112). Es gibt aber auch solche Aktivitäten, die glücklich machen, ohne vergnüglich zu sein. BENTHAMS Glück hingegen kommt aus *sensations* über die Menschen, aus einem inhärenten Mechanismus, der Ereignisse evaluiert. In eine ähnliche Richtung zielt die Unterscheidung, die SCITOVSKY (1989) macht. Man müsse zwischen *Wohlbehagen* und *Spannung*[15] unterscheiden, die beide Quellen des Wohlbefindens sind und untereinander in umgekehrter U-Form funktional verknüpft sind. Zuviel Behaglichkeit, so die These, schmälert die Spannung als wesentliches Element des Glücks. KAHNEMAN (2000a: 682) sieht in einen zweidimensionalen „affective space" aus *pleasure* und *arousal* die einfachste Darstellung von Wohlbefinden.

Für die konkrete Verortung von *pleasure* kommen das Objekt selbst, die Kommunikation mit dem Objekt oder die Erfahrung der Kommunikation mit dem Objekt in Frage. Aus dieser Unterscheidung von KARL DUNCKER (1941) leitet ROZIN (1999: 112) „three types of pleasure: sensory, aesthetic, and accomplishment pleasures" ab. ARISTOTELES zielt auf letzteres ab, BENTHAM auf ersteres: „He [Bentham] holds that physical pleasure may operate independent of other pleasures (moral, political, and religious) and must be included in each of the other three. In short, he holds for the primacy of sensory (physical) pleasure" (ROZIN 1999: 112). BENTHAMS Begriffe ist demnach eher einfach. Viele Ereignisse verursachen sowohl *pleasure* als auch *pain* und die Art und Weise, wie sie dies tun und wie das Ereignis insgesamt für sich evaluiert und mit anderen verglichen wird, bleibt offen. Jede Übersetzung der Begriffe könnte bestimmte Antworten implizieren. Deshalb ist es schwierig vorbehaltlos *Vergnügen*, *Freude* oder etwas anderes einzusetzen. Am ehesten ist die Übersetzung in *positive* und *negative Affekte* zutreffend, deren Saldo das Maß menschlichen Glücks ist.

---

[13] Vgl. NUSSBAUM (2004), SCHAAF (1991: 45), FREY (2002a: 24) und BRUNI/PORTA (2004).

[14] ARISTOTELES (2006) entwickelt diese Idee in der Nikomachischen Ethik. Für eine Wirtschaftstheorie auf Basis des Aristotelischen Glücksbegriffs siehe RICHERT (1996).

[15] SCITOVSKY verwendet synonym *Lust* und *Erregung*, was aber auch synonym mit *Freude* als oberstem hedonistischem Prinzip verwendet wird. Inwieweit Freude oder Lust für die Übersetzung von *pleasure* geeignet ist wurde diskutiert.

2.2 Die Entwicklung des Nutzenbegriffs

SCHUMPETER (1965: 510) sieht im Utilitarismus eine Lebensphilosophie, „die an Flachheit nicht zu überbieten war" und für die Wirtschaftswissenschaften „zwar überflüssig, aber nicht schädlich" (ebd.: 512) sei. Hingegen beschreibt CAILLÉ (2006: 698) in seinem Lexikonartikel, dass „economic theory can be seen as the crystallization of the positive dimension of utilitarianism". Ebenso urteilen BRUNI/PORTA (2004: 2): „Utilitarianism too assigned a central place to happiness, although it was precisely Bentham's theory that happiness came to be reduced to utility (or rather utility was defined in terms of happiness) and that is one case of reductionism". Ist das Prinzip der Nutzenmaximierung das von allen normativen Komponenten befreite Destillat des Prinzips des größten Glücks oder kommt es ganz ohne BENTHAM aus?

2.2.1 Das „aktuelle" ökonomische Nutzenkonzept

Der in der heutigen Form in den Wirtschaftswissenschaften verwendete Nutzenbegriff hat seine Geburtsstunde in der marginalistischen Revolution, also der Verschiebung des Fokus' auf die Erträge zusätzlicher Mengen. Diese Revolution sei aber eher als „really a slow and gradual process" (MOSSELMANS 2006: 699) zu verstehen. WILLIAM STANLY JEVONS, LÉON WALRAS und CARL MENGER gelten als die drei Hauptfiguren dieser Revolution. WALRAS (1972) mühte sich um eine Darstellung der Wirtschaft als Gleichungssystem und JEVONS „would like to measure utility indirectly by taking its quantitative effects into account (selling, buying, lending, labouring, etc.). […] Jevons turned Bentham upside down" (MOSSELMANS 2006: 699). MENGER verfocht die subjektive Wertlehre, die die Arbeitswertlehre ablösen sollte, worauf im nächsten Abschnitt eingegangen wird.

Nützlichkeit und Nutzen, unterscheiden sich insofern, dass ersteres die *möglichen* Effekte des Gebrauchs / Konsums / Besitzes, letzteres die vom Nutzer *antizipierten* Effekte des tatsächlichen Gebrauchs / Konsums / Besitzes beschreibt. Der Nutzen einer Sache oder Tätigkeit ist deren Fähigkeit, die Bedürfnisse eines Menschen zu befriedigen. Dinge oder Aktivitäten, die dies besser können, versprechen einen größeren Nutzen und werden somit anderen vorgezogen bzw. präferiert. Handlungsalternativen lassen sich im Idealfalle in eine Ordnung hinsichtlich ihrer Fähigkeit zur Bedürfnisbefriedigung bringen, die als Präferenzordnung bezeichnet wird. Diese Ordnung wird mit Hilfe einer Funktion abgebildet, die als Nutzenfunktion bezeichnet wird. Der sich aus verschiedenen Alternativen ergebende Nutzen ist ein abstrakter Wert, dessen Höhe allein (Nominal- oder Kardinalskala) keine Aussage zulässt. Seine Fähigkeit besteht vielmehr darin, die Alternativen hinsichtlich ihres

Beitrags zur Bedürfnisbefriedigung in eine Reihenfolge zu bringen (Ordinalskala). Da eine solche Ordnung nur unter bestimmten Bedingungen überhaupt denkbar ist, werden Axiome aufgestellt (vgl. SCHÖLER 1999: 5), die dann eine bestimmte Gruppe von Nutzenfunktionen implizieren. Darin enthalten sind ein Prinzip der Unersättlichkeit, auch wenn die Befriedigung von Bedürfnissen mit der Menge der verfügbaren Güter abnimmt, das Prinzip der unvollständigen Substituierbarkeit von Gütern in Hinblick auf die Bedürfnisbefriedigung und damit die generelle Kommensurabilität aller alternativen Handlungen.

Die Aggregation ist aber schwierig, da ja die genaue Höhe des Nutzens aus einer Alternative nicht bekannt ist. Für die Aggregation *innerhalb von Personen* wird angenommen, sie lösen das Problem schon irgendwie – schließlich treffen sie ja eine Entscheidung, die ihren höchsten Gesamtnutzen repräsentiert, der aus einer Kombination von Einzelnutzen resultiert. Auch der Konstruktion der Nutzenfunktion liegt keine Theorie der inneren Evaluation von Alternativen zugrunde sondern eher die Anforderungen mathematischer Axiome, die Eindeutigkeit und Widerspruchsfreiheit gewährleisten. Für die Aggregation *über Personen*, also zur Bestimmung eines kollektiven Nutzens bzw. einer kollektiven Präferenzordnung, bleibt nur die Annahme identischer Nutzenfunktionen oder andere massive Einschränkungen.[16]

In der positiven Komponente stimmen Utilitarismus und Nutzentheorie überein. Menschliches Handeln wird in beiden Fällen als Versuch umschrieben, aus den Möglichkeiten das Beste für sich zu machen, auch wenn BENTHAM von dieser Fähigkeit der Individuen nicht vollständig überzeugt war. Hinsichtlich dessen, was genau das Beste ist (Differenz aus *pain* und *pleasure* vs. die Befriedigung persönlich empfundener Mangelzustände) und hinsichtlich des Umfangs der Wahl (etwas zu tun oder nicht bei BENTHAM vs. aus allen erdenklichen Alternativen die Beste auszuwählen) bestehen jedoch konzeptionelle Unterschiede.

Inwieweit ist aber die normative Komponente eliminiert? Eine solche Komponente entspringt dem Problem des interpersonellen Vergleichs. Dort werden, um Handlungsempfehlungen abzugeben, Kosten-Nutzen-Analysen mit hypothetischen Ausgleichzahlungen gemacht, die von Zahlungsbereitschaften ausgehen und damit von den systematischen, histo-

---

[16] Vgl. für die „einschränkenden Annahmen" der Herleitung eines Wohlfahrtsmaximums SCHÖLER (1999: 156). MIRRLEES (1982: 66) versucht den interpersonellen Vergleich für der Summation einzelner Nutzen zur Gesamtwohlfahrt durch ein Gedankenexperiment zu ermöglichen, dass die Idee enthält, „to assign utility to the consumption of alternative selves in different states".

rischen und persönlichen Umständen der Entstehung der Zahlungsfähigkeit abstrahieren. Diese Abstraktion ist ein Auswuchs dessen, was als „Ideologie zur Abschaffung der Ideologien" (ROBINSON zitiert nach REUTER 1999: 90) bezeichnet wird.

Die an SMITH' unsichtbare Hand erinnernde These BENTHAMS, jeder *solle* nur sein Glück maximieren, denn das wäre der beste Weg, das Gesamtglück zu optimieren, setzt einen normativen Standard auf individueller Ebene. In der Nutzentheorie wurde diese These in eine deskriptive umgewandelt. Jeder *ist* Maximierer seines Nutzens. Diese Hypothese über menschliches Verhalten will die Normalität beschreiben, ohne dies beweisen zu können. Wenn aber die Menschen an die Richtigkeit der Hypothese glauben, dann gilt davon abweichendes Verhalten als anormal und die Hypothese ist zur Norm geworden. Das postulierte Verhalten ist effizient und rational – mithin klug und sparsam. Wer will aber schon als dumm und verschwenderisch gelten? Die Normativität ist zumindest implizit, auch deshalb, weil Knappheit und Mangel die dialektischen Bezugspunkte sind, auf die sich alles Handeln bezieht. Wie will man sein rationales Verhalten zeigen? Indem man *augenscheinlich* alle Mängel überwunden hat, vor allem die bezüglich allgemein anerkannter Bedürfnisse und Ziele. Der inzwischen möglicherweise tatsächlich deskriptiven Theorie haftet das Label einer sich selbst erfüllt habenden Prophezeiung an.[17]

Auch das Verhalten auf Märkten ist kein Beliebiges. Es kann zwar versucht werden, den Verzicht auf Betrug und Zwang durch Reputation und spieltheoretische Ansätze bei Markttransaktionen als rational zu erklären, GRANNOVETTER (2001: 56) bezweifelt dies aber: „[A]tomized actors in competetive markets so thoroughly internalize these normative standards of behavior as to garantee orderly transactions". Der Nutzenbegriff ist also nicht vollständig von normativen Elementen befreit und damit näher am Utilitarismus als auf den ersten Blick ersichtlich.

2.2.2 Einflüsse neben dem Utilitarismus

Bentham glaubte erkannt zu haben, dass sich *Happiness* erreichen ließe, indem jeder versuche, Ereignisse mit positiver Wirkung zu suchen und solche mit negativer zu vermeiden. Die Eigenschaften lägen zwar in den Dingen und er glaubte auch benennen zu können, welche Ereignisse besonders reichhaltig davon wären. Da die Bemessung der Quantität der

---

[17] Da die These des nutzenmaximierenden Verhaltens weder begründbar noch widerlegbar ist haben die Einwände gegen den Positivismus den gleichen unsicheren Status wie der Positivismus selbst.

empfundenen *pleasure* den Erlebenden selbst obliegt, hält BENTHAM aber „den Glücksbegriff für die bunte Vielfalt menschlicher Interessen offen" (HÖFFE 1992: 125).

Als die alten Nationalökonomen erklären wollten, was ein Preis für ein Gut auf einem internationalen Markt wäre, kamen sie zu dem Ergebnis, dass dieser mit der für die Erstellung des Gutes verwendeten Arbeit zu erklären sei. Das Gut hätte einen objektiv zu messenden Wert. Gegen diese Vorstellung wurde u.a. von CARL MENGER 1871 die Idee des subjektiven Werts ins Spiel gebracht: „Der Güterwert ist in der Beziehung der Güter zu unseren Bedürfnissen begründet, nicht in den Gütern selbst" (MENGER 1999: 49). Ohne auf BENTHAM oder den Utilitarismus Bezug zu nehmen wurde in Abgrenzung zur Arbeitswerttheorie ein Nutzenbegriff geschaffen, der einige Überschneidungen mit BENTHAMS Glücksbegriff hat.[18] Am wichtigsten ist die Übereinstimmung darin, die Bewertung des Wertes / des Nutzens in die Hände des Individuums zu legen. In der Umschreibung des abnehmenden Grenznutzens, den MENGER noch nicht so nennt, sind BENTHAMS Kategorien von *pain* und *pleasure* zumindest in ihrer bedeutungsgemäßen Übersetzung unter anderem enthalten. Mit der Masse des Konsums bzw. der Tätigkeit sichere sich der Mensch zuerst das Leben und die Gesundheit, dann ermögliche er sich den Genuss bis ihm weitere Mengen gleichgültig sind und weitere dann unangenehm werden.

Ein anderer Aspekt, der in den Wirtschaftswissenschaften bis zu den 70er Jahren des letzten Jahrhunderts eine große Bedeutung hatte, war ein hoher Grad an formaler Darstellungsfähigkeit und mathematischer Eleganz. Ein Nutzenbegriff, der von der Theorie her nicht mit Inhalt zu füllen war, weil dieser frei durch die Individuen bestimmt wurde, und damit verbunden, eine Trennung von analytischer (Wie wird Nutzen maximiert?) und empirischer (Was stiftet wem welchen Nutzen?) Arbeit, kam diesem Trend zupass. Der Nutzenbegriff war so konstruiert, dass alle Handlungsmotive auf diesen Nutzen reduzierbar waren, was der mathematischen Darstellung entgegen kam: „Economists, who require maximizing for their systems, will be unhappy with plural criterial goods" (LANE 1999: 110). Als Ausgangspunkt gilt der erwähnte walrasianische Ansatz und als Höhepunkt der Beweis eines möglichen Gleichgewichts auf Märkten in der Arbeit von DEBREU (1959). Ebenfalls

---

[18] Lediglich JEVONS (1871: Kapitel 2 und 3) geht explizit von BENTHAM aus und verwendet dessen Begriffe *pleasure, pain* und *happiness*. Da für die Verbreitung der subjektiven Wertlehre weniger die Herkunft des Begriffs als vielmehr dessen Wirkung entscheidend ist, geht JEVONS' Herleitung der subjektiven Wertlehre aus BENTHAMS Hedonismus gegenüber der abgrenzenden Herleitung aus der Arbeitswertlehre unter. Andere Gründe waren die thematische Ausrichtung des Briten und seine im vergleich zu den Österreichern relativ schlechte Einbindung in ökonomische Zirkel. Vgl. dazu HESSE (2003: 171).

ausschlaggebend waren die Bemühungen dieser Zeit, die verschiedenen Pfade der Wirtschaftswissenschaften zu einem homogenen Programm zusammenzuführen.[19] Hier ist wieder ein weitestgehend frei zu befüllender Begriff hier von Vorteil. Der Nutzenbegriff, der aus dieser *neoklassischen Synthese*[20] hervorging, hat Übereinstimmungen mit BENTHAMS Glücksbegriff, ohne direkt aus diesem abgeleitet worden zu sein.

GÄHDE (1992) weist auf eine wissenschaftstheoretische Funktion des Nutzenbegriffs hin. In Anlehnung an LAKTATOS (1974) werden deskriptive empirische Theorien in einen harten Kern und eine weiche Hülle aufgeteilt, die durch theoretische Terme verbunden sind. Der Kern enthält eine Hypothese, in der Begriffe (die theoretischen Terme) verwendet werden, die aber in der Hülle definiert sind. Erfolgt Kritik an der Kernhypothese (hier an der Ableitung des Gemeinwohls aus der individuellen Nutzenmaximierung) kann dieser Angriff abgewehrt werden, in dem die Definition des Begriffs in der Hülle verändert wird. Diese Strategie wurde für den klassischen Utilitarismus bis SIDGWICK nachgewiesen, wobei der Begriff der *Happiness* den theoretischen Term darstellt. Sie kam vermutlich auch in den Wirtschaftswissenschaften mit dem Nutzenbegriff zum Tragen. Festzuhalten ist, dass Fragen methodischer Natur für die Etablierung des Nutzenbegriffs von großer Bedeutung waren.

Weitere Gründe für die Etablierung des Nutzenbegriffs sind in der Entstehungszeit zu suchen, denn aus dem ahistorischen Anspruch der Neoklassik entspringt erstens nicht automatisch eine überhistorische Gültigkeit und zweitens sind auch gesellschaftspolitische Aspekte für die Akzeptanz dieser Theorien entscheidend. Die Wahrnehmung der erstarkenden sozialistischen Systeme und die (zum Teil überdeutliche) Darstellung der in ihnen verwendeten Praktiken nach dem zweiten Weltkrieg verursachten einen starken Pessimismus gegenüber Regierungseliten, wie ihn auch BENTHAM hatte. BENTHAMS Skepsis gegenüber der Fähigkeit der Menschen, ihr Glück selbst zu optimieren und gegenüber dem Mechanismus, der daraus ein wie immer bestimmtes Gemeinwohl befördern sollte, fand in diesen Theorieströmungen aber keinen Widerhall. Die Macht der Kapitaleigner hingegen war in dem annahmegemäß atomistischen Marktmodell der Neoklassik zwar nicht zentral, wenn auch vertreten.

---

[19] BACKHOUSE (2006: 212f) überschreibt die Phase zwischen 1930 und 1960 wirtschaftshistorisch mit „From pluralism to orthodoxy".

[20] Der Begriff stammt von SAMUELSON. Vgl. dazu BACKHOUSE (2006: 213).

2.2.3 Einfluss des Utilitarismus über Wohlfahrtsökonomik

Während in dieser Arbeit bisher mit der subjektiven Werttheorie und dem wissenschaftlichen Kontext Felder benannt wurden, die die heutige Vorstellung des *individuellen* Nutzenkalküls befördert haben, ohne Bezug auf den Utilitarismus zu nehmen, ist in der Wohlfahrtsökonomik ein Pfad zu finden, in dem der individuelle Nutzenbegriff über die explizite Abgrenzung von an BENTHAM anschließende Arbeiten entwickelt wurde. BOHNEN (1992: 319ff) beschreibt die Entwicklung der Wohlfahrtsökonomik, dem wirtschaftswissenschaftlichen Versuch der Bildung eines gemeinschaftlichen Nutzenbegriffs, als Auseinandersetzung mit BENTHAMS Begriff vom Gemeinwohl, das nicht „über den Einzelinteressen steht, was von weltlichen oder überweltlichen Autoritäten auferlegt ist, sondern etwas, was allein durch das jeweilige Insgesamt der Wohlfahrtszustände der einzelnen Gesellschaftsmitglieder bestimmt wird" (BOHNEN 1992: 321). Man muss aber im Hinterkopf behalten, das BENTHAM der Meinung war, der Staat könne dem Einzelnen bestimmte Zustände „schmackhaft" machen.

PIGOU schränkte die Vielfalt menschlicher Handlungen, die zu seinem Glück beitragen, auf Markttransaktionen in Zusammenhang mit Geld ein und sieht in Zahlungsbereitschaften eine Möglichkeit zur kardinalen Darstellung von Nutzenniveaus.[21] Was für das Individuum sein mag, scheitert in der für die Wohlfahrtsökonomik wesentlichen Aggregation jedoch daran, dass eine gleiche Veränderung in Geldeinheiten im Vergleich von Personen nicht zwingend eine gleiche Veränderung des Nutzenniveaus bedeutet. Außerdem hielt PIGOU die Beschaffung der notwendigen Informationen, nämlich der tatsächlichen Zahlungsbereitschaften für alle Alternativen, für unmöglich und fand auch keine akzeptierte Lösung für diese Probleme, die fortan als unlösbar galten. Wollte man weiter

> „individuelle Nutzengrößen auf irgendeine Weise zu einem gesellschaftlichen Wohlfahrtsbetrag zusammenfassen [...] durften die individuellen Nutzengrößen jetzt nicht länger – wie bei Bentham und Pigou als subjektive Erlebnisgegebenheiten aufgefasst werden" (ebd.: 326).

---

[21] LATOUCHE (2001: 80) merkt an, dass auch Bentham Geld als ein geeignetes Mittel zur Quantifizierung von *pleasure* und *pain* sieht, solange kein besseres Mittel gefunden wurde. POLLARD (1992: 22) meint hingegen: „Auf jeden Fall kam er [Bentham] zu dem Ergebnis, dass Geld kein brauchbarer interpersoneller Maßstab der menschlichen Zufriedenheit war.".

Damit war die so genannte *behavioristische Wende* eingeleitet, die sich auf eine seinerzeit einflussreiche Richtung der Psychologie bezog.[22] „Der Nutzenbegriff wurde von all seinen Bedeutungsverbindungen mit innerseelischen Erlebnissen »befreit« und diente fortan nur noch zur Kennzeichnung beobachtbaren Verhaltens" (BOHNEN 1992: 326). Das beobachtbare Verhalten lässt aber keine Rückschlüsse auf die absolute Wertigkeit von Gütern zu, sondern nur auf das Vorliegen von Präferenzen. Präferenzen im heutigen wirtschaftswissenschaftlichen Sinne sind *revealed preferences*, deren „Offenbarung" allerdings mit einigen Interpretationsschwierigkeiten behaftet ist (siehe Abschnitt 5.1.1.a).

Zwar ist nun PIGOUS Einschränkung auf gegen Geld tauschbare Güter nicht mehr zwingend, allerdings ist eine Summation der Werte zum gesellschaftlichen Gesamtnutzen nicht mehr möglich. Es folgt PARETOS bekanntes Kriterium zum Vergleich zweier Situationen, von denen eine nur dann besser ist als die andere, wenn sie mindestens einen Beteiligten besser stellt, ohne andere schlechter zu stellen (vgl. SCHÖLER 1999: 129ff). Dieser Ansatz nimmt Verteilungszustände einerseits als gegeben und gleichzeitig als obersten Maßstab hin. ARROW (1963) versuchte darauf hin mit der Konstruktion einer sozialen Wohlfahrtsfunktion individuelle Präferenzordnungen von gesellschaftlichen Zuständen unter Beachtung bestimmter sozialethischer Vorstellungen zu verschmelzen. Ihm gelang allerdings lediglich der Beweis, dass dies nicht möglich ist (vgl. Abschnitt 5.1.1.b). An dieser Stelle erfolgte die Rückbesinnung auf BENTHAM und dabei vor allem auf die Idee der kardinalen Nutzenmessung, die aber ein Schattendasein führte.[23] Hier ist das Argument wichtig, dass die inhaltliche Entleerung des Nutzenbegriffs auch als Reaktion auf Probleme mit der Informationsbeschaffung und mit der Verwendung von Geld als Einheit des Nutzens für die kardinale Messung bei PIGOU zu verstehen ist, die zeitlich mit der Blüte der behavioristischen Lehrmeinung zusammen fiel. Die Folge davon ist ein Kriterium, das jeden einmal eingetreten Zustand rechtfertigt, und ein Theorem der Unmöglichkeit, gesellschaftliche Zustände auf Basis individueller Präferenzen zu bewerten.

---

[22] Vgl. für eine kritische Beurteilung des Behaviorismus: LAYARD (2005a: 145f). Neben der psychologischen Theorieströmung war es SIDGWICK (2006), der durch die Abkopplung des Nutzenbegriffs vom Glück und die Ankopplung an die Motivationskraft zum „Wegbereiter einer präferenztheoretischen Interpretation des Nutzenbegriffs [wurde], wie sie im Rahmen der modernen Wohlfahrtsökonomie vorherrschend geworden ist" (GÄHDE 1992: 108).

[23] Vgl. für Beiträge zur Begründung eines kardinalen Nutzenbegriffs NG (2004: Kapitel 5).

2.2.4 Gemeinsamkeiten von Utilitarismus und Nutzenbegriff

Bisher wurde das Prinzip des größten Glücks in seinen hier wesentlichen Elementen dargestellt und die Hintergründe der Entstehung beleuchtet. Demgegenüber steht der ökonomische Nutzenbegriff, der ebenfalls umrissen und auf seinen entstehungsgeschichtlichen Zusammenhang mit dem Utilitarismus untersucht wurde. Im Folgenden sollen verbliebene inhaltliche Gemeinsamkeiten herausgestellt werden, um einen Ausgangspunkt für eine „Rückkehr" zu BENTHAM zu begründen.

Erstens ist die Annahme der *Maximierung* in beiden Konzepten zu finden, auch wenn sie bei BENTHAM nicht den formalen und absoluten Charakter hat, den sie in den Wirtschaftswissenschaften einnimmt.

Das Gleiche gilt *zweitens* für die Wichtigkeit der *self-regarding motives*, die in den Wirtschaftswissenschaften zur Alleinigkeit überstreckt werden. In diesem Zusammenhang ist die prinzipielle Ablehnung beider Ansätze gegenüber Gemeinwohlbegründungen von übergeordneten Einheiten, die aber nicht durchgehalten wird, zu nennen. Die Unterscheidung von guten und schlechten Bedürfnissen, und damit die Rechtfertigung der Nutzenmaximierung als handlungsleitendes Prinzip, war Bestandteil der an BENTHAM anschließenden Debatten des Utilitarismus.[24] Auch in den Wirtschaftswissenschaften gibt es mit (de)meritorischen Gütern die Idee von Bedürfnissen, deren Verwirklichung zum Wohle des Menschen und der Gemeinschaft befördert werden müsse.

Drittens ist der Begriff der Präferenzen im Utilitarismus bereits angelegt, weil *pleasure* als etwas definiert ist, was man lieber fühlt, als es nicht zu fühlen. Wenn man damit aber dem Besitz, Erleben oder Gebrauch einer Sache gegenüber dem Nichtbesitz bzw. der Enthaltsamkeit den Vorzug gibt, liegt eine andere Auslegung des Begriffs vor, als wenn die Präferenz durch den Vorzug einer Sache gegenüber einer anderen definiert ist. FEHIGE (1998) listet die Interpretationsmöglichkeiten des Begriffs *Preferences* auf und zeigt damit, dass dieser allgemein in rationalen Handlungstheorien verwendet werden kann. Die Verwendung ist also nicht unbedingt konstitutiv für die eine oder andere Theorie, auch wenn NG (2003: 310) ihn exklusiv für die Nutzentheorie verwendet. Ähnliche Vorsicht ist auch für den Begriff *Utility* geboten, der bei BENTHAM zwar zuerst Verwendung findet, später aber ausdrücklich durch *Happiness* ersetzt wird.

---

[24] Siehe Fußnote 4 in dieser Arbeit.

Beide Theorien beinhalten *viertens* die Idee der Kommensurabilität, also die Möglichkeit der Rückführung verschiedener Zustände auf eine vergleichbare Einheit. Auch wenn die Vergleichbarkeit bei den neoklassischen Wirtschaftswissenschaften mit den ordinalen Präferenzen geringer ausgeprägt ist, wird ein Vergleichsmaßstab vorausgesetzt, solange von der Fähigkeit ausgegangen wird, alle relevanten Alternativen in eine Rangordnung zu bringen. Dies ist keineswegs selbstverständlich, denn nur weil Menschen Entscheidungen treffen, heißt das noch nicht, dass sie diese unter Heranziehung aller Aspekte für die richtige gehalten hätten bzw. dass sie eine Entscheidung unter Heranziehung aller Aspekte generell für möglich halten.

Schließlich weist *fünftens* auch der methodologische Individualismus mit weniger beschreibendem als viel mehr setzendem Charakter, der bei BENTHAM durch eine lenkende Staatsebene ergänzt wird, eine starke Parallele zum Nutzenbegriff auf. „We feel that the prominence if this »individualistic« strain in the treatment of want-satisfaction and utility is a relic of the historical association of economic theory with utilitarian philosophy and psychology" (PARSONS/SMELSER 1984: 23). Der Individualismus wurde aber mit anderen Theoriebestandteilen so in Verbindung gebracht, dass sich der Charakter von *Happiness* zu *Utility* wesentlich geändert hat. Ein solcher Punkt ist der Verzicht auf eine kardinale Nutzenskala und die Operation mit ordinalen Skalen. Von der Idee des größten Glücks bleibt nur ein Rest, wie SEN/WILLIAMS (1982: 21) befinden: „[A]s contributing to moral and economic theory it has lost those connections with psychological and political reality".[25]

---

[25] Damit ist der Fokus auf das Regierungshandeln (political) und die bereits minimale Konzeption von Glück als Differenz von *pain* und *pleasure* (psychological) gemeint.

3 Vom Nutzen zum Wohlbefinden

3.1 Kritik am Nutzenkonzept: Blinde Flecken und Einwände

Wie SEN/WILLIAMS erkennen lassen, stehen sie dem „neu" gewonnen Begriff des Nutzens als Maßstab rationalen Handelns nicht nur anerkennend gegenüber. Ihr größter Kritikpunkt ist die bereits bei BENTHAM präsente Frage, ob der Mensch wirklich so ist, wie er hier gesetzt wird. Einer Frage, der sich die Wirtschaftswissenschaften geschickt durch die beschriebene Immunisierungsstrategie auf der einen Seite und einem Zirkelschluss auf der anderen Seite entziehen: wenn rationales Handeln ist, was den Nutzen maximiert und dieser aber über das Handeln offenbart wird, ist alles Handeln rational. Die These ist unwiderlegbar und unbelegbar zugleich, womit der positive Anspruch der Theorie schwindet.

Nur durch diesen fragwürdigen Schritt in der Theoriebildung kann auf die Bedürfnisse als Gegenstand der Betrachtung verzichtet, deren Zustandekommen als der Ökonomie vorgelagert ausgeklammert und an andere Wissenschaften ausgegliedert werden. An der Idee, dass der Einzelne seine Ziele klar definieren kann und das diese Bedürfnisbildung von der Ökonomie unabhängig ist, werden Zweifel angemeldet, wie im Abschnitt 5.1.1 ausgeführt wird. Auch der zweite Schritt, nämlich die richtigen Mittel für diese Ziele zu finden ist nicht so trivial. Beide Schritte vom Bedürfnis zur offenbarten Präferenz können aber nicht überprüft werden. Ein anderes Problem, das aus dem Utilitarismus mitgebracht wurde, ist das der Kommensurabilität.

Des Weiteren kommt die ökonomische Theorie doch nicht ganz ohne Annahmen über Bedürfnisse und deren geeignete Befriedigungsmechanismen aus. Die Vorstellung vom Arbeitsleid[26] und der Gegenwartspräferenz sind zwei solcher Beispiele für ersteres, die Eignung tauschbarer Waren zur Bedürfnisbefriedigung ist ein Beispiel für letzteres. Ursprung und Richtigkeit dieser Annahmen ist aber zweifelhaft.

Ein anderer Punkt ist die Frage ob *Effizienz*, also die bestmöglichste Befriedigung der Bedürfnisse aus den gegebenen Mitteln, überhaupt das intuitive, wie auch explizite Kriterium bei menschlichen Entscheidungen ist. LATOUCHE (2001: 86) sieht konkrete zu erfüllende

---

[26] „Bekanntlich stellt die klassische und neoklasssische Wirtschaftstheorie in Abrede, dass der Mensch ohne Not zu Arbeit zu bewegen ist [...]. Das Menschenbild der konservativen Ökonomie stellt das Individuum als von Natur aus »faul« vor [...]. Der Mensch braucht also [nach GOSSENS] keineswegs zur »normalen« Arbeit gepeitscht zu werden, aber er wehrt sich gegen übermäßige, fremdbestimmte und ausbeuterische Arbeitslast" (ZINN 1999: 134).

Erwartungen, also die Aussicht auf bestimmte Effekte, als vernünftige Motivation zu handeln. Mithin würde es um *Effektivität*, also die Erreichung eines gewünschten Ziels gehen. Die Frage ist nur, was die Menschen tatsächlich bewegt und, hinsichtlich der Anforderungen, bewegen kann.

Die selbst auferlegte Begrenzung der Reichweite der Wirtschaftswissenschaften ist hier der letzte, wenn auch nicht abschließende Einwand gegen den Nutzenbegriff. Wie ausgeführt wurde, kann über die eigentliche Frage der Volkswirtschaft, wie die Wohlfahrt einer Gesellschaft auf ein sinnvolles oder das höchstmögliche Niveau gebracht werden kann, nicht beantwortet werden, bevor man nicht weiß, worin die Wohlfahrt von Menschen im Einzelnen besteht und wie der Wohlstand einer Gesellschaft beschrieben werden kann. Die Lösung scheint in der Rückkehr zu einem kardinalen Nutzenbegriff zu liegen.

3.2   Ein Rückgriff, kein Rückweg

Seit PIGOUS Scheitern in der Darstellung des Nutzens in Form von Zahlungsbereitschaften wird das Konzept eines inhaltlich gefüllten Nutzenbegriffs als unumsetzbar angesehen. Informationen über die tatsächlichen Zahlungsbereitschaften aller Güter seien nicht zu beschaffen und Geld keine geeignete Maßeinheit für interpersonelle Vergleiche. Was aber könnte die Maßeinheit sein, mit der sich alles Handeln vergleichen lässt? Es müsste etwas sein, auf das sich alles Handeln letztendlich zurückführen lässt. Es müsste umfassend und fassbar sein. Verschiedene Ökonomen plädieren auf *Glück* als solche Einheit.

Die Schweizer Vertreter, allen voran ALOIS STUTZER und sein Mentor BRUNO S. FREY, greifen eine Debatte im *Economic Journal* aus dem Jahr 1997 auf. Die Begründung für *Glück* als ihren Untersuchungsgegenstand fällt allerdings sehr knapp aus. In STUTZERS Dissertation zum Wohlbefinden in der Schweiz reicht der Bezug auf einen Religionstheoretiker aus dem Jahr 1902 um festzuhalten: „Das Streben nach Glück ist ein wichtiger Bestimmungsgrund menschlichen Handelns" (STUTZER 2003:1). In der Wirtschaftspolitik werde, so heißt es optimistisch intuitiv,

> „versucht, Einkommens-, Beschäftigungs- und Inflationsbedingungen zu schaffen, die den Wünschen der Menschen entsprechen. Dabei sind die grundlegenden Institutionen in der Gesellschaft so zu gestalten, dass die Individuen ihre Vorstellungen vom guten Leben effektiv verfolgen können und sie Anreize und Motivation haben, zu einem hohen subjektiven Wohlbefinden in der Gesellschaft beizutragen. Glück sollte deshalb im Zentrum der ökonomischen Analyse stehen" (ebd.).

Dabei herrscht kein Konsens darüber, ob Glück das einzige und finale Ziel menschlichen Handelns ist.[27] Dafür plädiert der in Australien lehrende Wohlfahrtsökonom YEW-KWANG NG (1999: 307):

> „What we want ultimately is happiness [...], not just preference or even preference satisfaction, as argued below. [...] I regard my (net) happiness (over any period of time) as the excess of my positive affective feelings over my negative affective feelings (over that period of time)".

Dagegen spricht sich LANE[28] (2000: 6) aus, der menschliche Entwicklung und Gerechtigkeit als weitere Ziele sieht. Im Gegensatz zur Ökonomie sieht er darin kein Problem, denn „several »ultimate« goods can live happily together in a single philosophical system. Remember that classical trinity: the good, the true, and the beautiful" (LANE 1999: 111).

LAYARD (2005a: 37f), der emeritierte Begründer der London School of Economics, begründet die Konzentration auf Glück wie folgt:

> „Glück ist für uns von größter Bedeutung, weil es uns umfassend motiviert. Wir tun alles, um uns gut zu fühlen und Schmerz zu vermeiden, und das nicht nur von Augenblick zu Augenblick, sondern dauerhaft. Ohne diesen Trieb wären wir Menschen längst ausgestorben".[29]

Neben dieser darwinistischen Begründung legt aber auch er eher die intuitive Sichtweise an den Tag, die oft als hinreichend angesehen wird.

> „Glück ist dieses übergreifende Ziel, denn anders als alles andere, ist es ganz offensichtlich gut. Wenn wir beantworten wollen, warum Glück wichtig ist, können wir auf keinen übergeordneten Zweck mehr verweisen: Es ist einfach ganz unbestreitbar wichtig" (LAYARD 2005a: 128).[30]

---

[27] STUTZERS oben geschilderte Haltung ist ambivalent. Er sieht „einen wichtigen Bestimmungsgrund", was die Existenz anderer Gründe nahe legt, fordert aber dazu auf, Glück „ins Zentrum der ökonomischen Analyse" zustellen.

[28] ROBERT E. LANE ist emeritierter Professor für Politikwissenschaften in Yale.

[29] Für eine ähnliche Argumentation siehe NG (2004: 259).

[30] ROZIN (1999: 114) wendet kulturelle Unterschiede ein: "While it is clear that for Americans doing what is pleasure is a major part of living a successful life, this seems to be less the case for, among others Hindus in India. Pleasure seems less important, and duty and tradition are more important, in daily Hindu life". In einer E-Mail findet der Bhutan-Kenner CASPARI, *Happiness* sei eher eine buddhistische Kategorie und sei auf christlich geprägte Kulturkreise schwer anwendbar. LAYARD (2005a) nutzt die Diskussion von „Lebensphilosophien" als Unterstützung der zitierten These. Ich kann diese kulturelle Diskussion hier nicht bis zu einem endgültigen Ergebnis führen, nur auf diese Dimension hinweisen.

Damit wäre man ethisch auf utilitaristisches Niveau zurückgefallen, wenn nicht der bei BENTHAM noch fehlende Schritt der empirischen Überprüfung des Begriffs gegangen worden wäre. Die Impulse dazu kommen aus der Psychologie und Physiologie, wobei letzteres eher als flankierende Argumentation genutzt wird. Die entscheidende Idee ist, keine strenge Kausalität zwischen Glück und bestimmten Ereignissen und Umständen herstellen zu wollen, sondern sich mit statistischen Zusammenhängen zu begnügen, die sich aus Befragungsserien ergeben. Darin kann gefragt werden, ob sich jemand glücklich fühlt, und die Antwort mit anderen erhobenen Daten in Verbindung gebracht werden. In dieser Herangehensweise wird über die Empirie versucht, die inneren Mechanismen adäquat nachzuempfinden. Statt eines instrumentell-funktionalen Verständnisses werden diese als „mechanisms for increasing and decreasing the probability of behaviors" (ROZIN 1999: 113) verstanden. Man bleibe, so STUTZER (2003: 1), mit der statistischen Erhebung als Basis in „der grundlegenden Tradition in der Ökonomie, sich auf das Urteil der direkt involvierten Personen zu verlassen". Bezogen auf alte Probleme hieße dies, dass mit den neuen technischen (und mathematischen) Möglichkeiten der Datenverarbeitung und –erhebung das alte Problem der den Ökonomen fehlenden Informationen überwunden werden kann und zweitens das jüngere Problem der übermäßig vereinfachenden Axiomatiken, die mit der neoklassischen Modellbildung einhergingen, wegfallen würde. Eine solche Empirie zu durchschauen ist eine eigenständige Herausforderung. Ich kann dies hier nicht leisten und muss deshalb im Folgenden von der Stichhaltigkeit der so gewonnen Aussagen ausgehen.[31]

Ein anderes Problem, dass man mit der Technik von Regression (Schätzung einer speziellen Funktion) und Korrelation (Bestimmung eines generellen Zusammenhangs) umgehen kann, sind die in Abschnitt 2.1.2 angesprochenen Dimensionen des Glücks. Wie Spannung und Zufriedenheit als Quellen des Glücks zusammenzubringen sind und welche Anteile davon bestimmte Zustände enthalten, wird überbrückt durch die Ermittlung des statistischen Zusammenhangs von Zustand und Glück. Man hat damit ein ähnliches Problem wie mit den offenbarten Präferenzen, denn mögliche Fehlschlüsse innerhalb des vermuteten Wirkungszusammenhangs können nicht ausgeschlossen werden. Da nach dem Glück bzw. dem Wohlbefinden[32] gefragt wird, kann die Bedeutung, die die Menschen in diesen Begriff legen, nicht vorher festgelegt werden. Es ist naheliegend, einen möglichst weiten Begriff

---

[31] Einige Kritikpunkte dazu werden im Abschnitt 4.1.1 angesprochen.

[32] Für eine Übersicht über die verwendeten Fragestellungen siehe FREY/STUTZER (2002a: 26ff).

zu verwenden.[33] Es liegt dann an den Empirikern, Zusammenhänge zu isolieren und die Wirkung von Ereignissen, Handlungen, Zuständen usw. auf das Glück festzustellen.

Das Verständnis von Glück ist das eines subjektiv empfundenen Zustands, der als subjektiven Wohlbefinden bezeichnet wird. Diese Interpretation von Glück umfasst neben der benthamschen *Happiness* auch die aristotelischen Bedeutungen der Aktivität, der Sinngebung und der Exzellenz (vgl. NUSSBAUM 2005: 175). Wenn im folgenden Kapitel von *subjektivem Wohlbefinden* die Rede sein wird, sind BENTHAMS und ARISTOTELES' Konzepte vom Glück als Teilmengen[34] enthalten, wie die folgende Abbildung verdeutlicht.

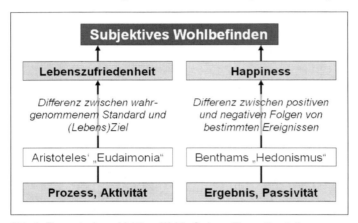

Abb. 1: Elemente des subjektiven Wohlbefindens; *Eigene Darstellung*

Dieses Wohlbefinden kann nun auf einer Skala abgetragen werden und erhält dort einen festen Platz, der es erlaubt, Abstände zu anderen Werten zu bestimmen, interpersonelle Vergleiche anzustellen und die Wohlfahrt als Summe des Glücks zu bestimmen. Mit der Verwendung der empiristischen Methode „utility has been filled with content again: Utility can and should be cardinally measured in the form of subjective well-being" (FREY/STUTZER 2002a: 43). Die Vergleichbarkeit dieser Werte ist allerdings nur eingeschränkt gewährleistet, da das obere (und untere) Ende der Skala, also die Vorstellung vom

---

[33] Dabei ist es auch möglich, dass dieser Begriff nur ein theoretisches Konstrukt ist, das in der Gedankenwelt des Einzelnen nur eine untergeordnete Rolle spielt. Oben wurde kurz dargestellt, dass die Wissenschaft unentschieden ist, ob dieses subjektive Wohlbefinden das höchste und einzige Ziel ist und sein sollte. Für den Rest der Arbeit reicht die Annahme, es sei ein im positiven und normativen Sinne hochwertiges Ziel.

[34] Vgl. BRUNI/PORTA (2004: 6ff). Diese Teilmengen sind nicht so scharf getrennt, wie die Abbildung es hier suggeriert.

größten (Un-)Glück, variiert. Dieser Umstand wird aber, wie zu zeigen sein wird, von den Autoren antizipiert.

Der Begriff des subjektiven Wohlbefindens beinhaltet immer noch das Problem der Rückführung aller Alternativen auf eine Größe. Grundlage der Verwendung einer solchen Größe ist die hier nicht bewiesene Prämisse der Notwendigkeit einer letztendlichen Einheit, um aus zwei Alternativen von allen erdenklichen Möglichkeiten die „bessere" wählen zu können. In konkreten Situationen ist diese Einheit, die Art des zu erzielenden Effektes, durch die Situation genauer spezifiziert. Eine allgemeine Sichtweise erfordert aber auch ein allgemeines Kriterium. Zum Tragen kommt die Kommensurabilität als Heuristik, in der die Folgen alternativer Rahmenbedingungen bewertet werden können. Für den einzelnen Menschen, der über Befragungen die Grundlage für die Forschung zum subjektiven Wohlbefinden bildet, muss die Rückführung aller Alternativen auf die Größe „Glück" nicht ausschlaggebend für eine Wahl sein. Es wird analytisch zwischen Glück als Wirkung von Handlungen in einer bestimmten Umwelt und Glück als Motivation dieser Handlung unterscheiden.[35] Welche inneren Mechanismen tatsächlich menschliches Handeln bestimmen könnten, und welche Rolle die Gesellschaft dabei spielt, wird im Folgenden der einfachen Logik der individuellen Nutzenmaximierung wiederholt gegenübergestellt.

Abschließend sollen der sozialen Rahmen überprüft werden, innerhalb dessen die neoklassische Modellbildung ihre Wirkungskraft entfaltet hat. Es war die Erfahrung der Prosperität, die der durch die neoklassische Theorie gestützte Marktwirtschaft die breite Zustimmung sicherten und die Erfahrung des kalten Krieges, die dem Freiheitsbegriff von HAYEK und FRIEDMANN ihr dogmatisches Gewicht[36] verliehen. Über dieser Welt liegt nun ein Schatten[37], denn „im Leben geht es um mehr als um materiellen Wohlstand oder politische Freiheiten" vermutet LAYARD (2005a: 18). Es gelte sich also nun auf dieses *mehr* zu konzentrieren. Geld, so die lediglich implizite und gewagte **Überflussthese**[38], sei für das per-

---

[35] Vgl. DURKHEIM (1992: 307), der glaubt, „dass man zur Erklärung gesellschaftlicher Veränderungen nicht zu untersuchen braucht, welchen Einfluss sie auf das Glück der Menschen gehabt haben, da es nicht dieser Einfluss war, der sie bestimmt hat. Die Sozialwissenschaft muss nachdrücklich auf Nützlichkeitsvergleiche verzichten, in denen sie sich nur allzu oft gefallen hat".

[36] Vgl. SYGNECKA (2005) für eine ausführlichere Besprechung dieses Freiheitsbegriffes.

[37] Vgl. LANE (2000), der sein erstes Kapitel mit „Shadow on the Land" überschreibt.

[38] Vgl. dazu auch LAYARD (2005a: 181), der seine Analyse „heute, da wir den Mangel überwunden haben" verortet sieht. Statt von einer Überflussthese kann auch von einer Nachknappheitsthese an materiellen Gütern (relativ zu persönlichen Beziehungen beispielsweise) gesprochen werden.

sönliche Glück genug da. „[B]eyond a certain point, prosperity does not have much to do with happiness" schreibt LANE (2000: 59) und meint, dieser Punkt sei im Westen überschritten. Diese Aussage kann sich allerdings nur auf einen Durchschnitt oder ein Aggregat beziehen, denn auch in westlichen Ländern gibt es einen beträchtlichen Anteil an Menschen, denen es am Nötigsten fehlt – auch wenn die Definition des Nötigsten von Gesellschaft zu Gesellschaft variiert. Dies ist insofern nachvollziehbar, da sich je nach Art der gesellschaftlich verbreiteten Aktivitäten auch die Anforderungen an die Partizipation an diesen Aktivitäten verändern.

SCHAAFF (1991) sucht ein Argument, den Ressourcenverzehr durch jetzige Generation unter zumindest abdiskontierter Betrachtung der Folgen für zukünftige Generationen zu bewerten und kommt zu dem Schluss, dass in Folge einseitiger Diskurse überkonsumiert wird. Darin enthalten ist eine Art **Überbewertungsthese** bezüglich der Dinge, die ein Markt bereitstellen kann. Dieses Argument greift auch LANE (2000: 9f) auf, der einen *trade-off* ausmacht. Er sieht eine Vernachlässigung eines stabilen sozialen Umfeldes durch einen Materialismus[39], die als eine Art „soziale Unterernährung" anfällig für die volatilen Ergebnisse des Marktes macht.[40] Wenn Überbewertung und Unterernährung attestiert werden, greift dies die These des rationalen Akteurs an. Bevor aber die Wirkung des Glücksbegriffs auf die Maximierungshypothese untersucht wird, folgen systematisierende Betrachtungen zu Bestandteilen einer ökonomischen Theorie des Glücks und zu den wichtigsten Erklärungsgrößen gemessenen Glücks.

---

[39] Zur Diskussion und empirischen Untermauerung des Begriffs siehe das Kapitel 8 in LANE (2000).

[40] Vgl. LANE (2000: 9), der dies als den *Malnutrition Effect* beschreibt, weil ähnlich wie bei einer Unterernährung „Infekte" verheerende Folgen haben. Einzuwenden ist vielleicht, dass das Problem, um in der Sprache zu bleiben, eher einseitige Ernährung ist.

4 Das neue Glück in der ökonomischen Theorie

4.1 Annäherung ans Glück

Der Weg, den das Glück in die ökonomische Analyse gefunden hat, ist weder linear noch unterbrechungsfrei. Sein Verlauf ist nicht allein mit der Entwicklung theoretischer Konzepte sondern auch mit der Zeit, in der er ausgetreten wurde, zu erklären. Die folgende Abbildung ist die schematische Karte dieses Weges.

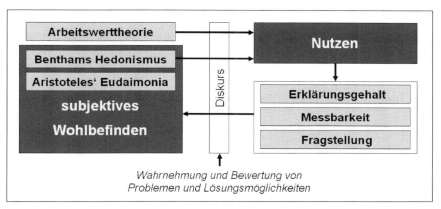

Abb. 2: Vom Hedonismus zum Nutzenbegriff zum subjektiven Wohlbefinden; *Eigene Darstellung*

Was aber wird nun am vorläufigen Ende des Weges getan? Man kann grob drei Arbeitsschritte unterscheiden. Der Ansatz erfordert erstens eine umfangreiche Datenbasis, um ein realistisches Bild von der Entstehung menschlichen Glücks zu erhalten. Zweitens müssen die Ergebnisse systematisiert und zusammengefasst, Begriffe gebildet und deren Verhältnisse bestimmt werden. Es geht also nun darum, entweder neue Theorien menschlichen und ökonomischen Handelns aufzustellen oder die alten zu ergänzen oder zu verändern. Im dritten Schritt müssen daraus Schlüsse gezogen und eine Diskussion um „richtige" Handlungsweisen und den gesetzlichen Rahmen geführt werden.

4.1.1 Empirie

Die erste Annäherung an das Glück ist der Versuch, es zu messen. Dies geschieht einerseits durch Befragungen und zum anderen durch die Messung von Hirnströmen. Es wurde festgestellt, dass Depressionen bzw. euphorische Zustände bei einem Defekt bestimmter Hirnregionen durch Unfälle oder andere Ursachen stark vermehrt auftraten. Man kann nun die Wirkung bestimmter Ereignisse durch die Messung der Aktivität dieser Hirnregionen, die als Quelle des Glücksgefühls gelten, erkennen.[41] Die Möglichkeiten solcher Laborexperimente sind freilich begrenzt. Sie dienen deshalb eher zum Nachweis der Existenz eines Glücksgefühls. Als Gültigkeitsnachweis werden zum Beispiel auch die Häufigkeit des Lächelns beobachtet oder nahe stehende Personen um eine Einschätzung der Befragten gebeten, die meist mit dem angegebenen Wohlbefinden des einzelnen übereinstimmten.

Im Kern wird sich deshalb auf Befragungen gestützt. Im Prinzip geht es darum, eine „microeconometric happiness function" (FREY/STUTZER 2002b: 406), eine Schätzfunktion des Glücks bzw. Wohlbefindens, zu finden. Die Gleichung

$$W_{it} = \alpha + \beta X_{it} + \varepsilon_{it} \tag{1}$$

beschreibt *human well-being* des Individuums *i* zum Zeitpunkt *t*. X ist ein Vektor bekannter Variablen „like sociodemographic and socioeconomic characteristics" (ebd.), ε ein Fehlerterm.[42] Der β-Vektor stellt die Gewichtung des jeweiligen Charakteristikums dar. In der Literatur findet sich aber keine solche mit Daten gefüllte Darstellung in Gleichungs- bzw. Vektorform, sondern Tabellen mit zusätzlichen statistischen Daten der Signifikanz und Varianz oder deren zusammenfassenden Interpretationen. Zudem wurde für diese Arbeit nicht die Vielfalt der Erhebungen eingesehen, sondern zusammenfassende Darstellungen. Ausgewählte Zusammenhänge werden im Abschnitt 4.2 behandelt, wobei die Bezugnahme auf die Empirie schematisch bleibt und theoretische Argumentationen im Vordergrund stehen.

Es ist bei den verschiedenen Erhebungen darauf zu achten, was als (Aggregat des) Glück(s) bezeichnet wird. Während auf individueller Ebene die Fragestellung und die Skala variiert, werden bei den Aggregaten Durchschnitte oder die Anteile der sich als glücklich und sehr glücklich bezeichnenden Menschen verwendet. Ein wichtiges Problem bei diesen Erhebungen ist die schwer nachzuweisende Kausalität. Wenn beispielsweise eine positive Korrelation zwischen Heirat und Glück ermittelt wird, heißt das nicht unbedingt, dass der Ehestand glücklich macht, sondern kann auch bedeuten, dass glückliche Men-

---

[41] Vgl. LAYARD (2005a: 30f), der RICHARD DAVIDSON als wichtigsten Forscher auf diesem Gebiet angibt.

[42] Eine andere Form der Funktion findet man in FREY/STUTZER (2002a: 30):

$$W = H[U(Y,t)] + \varepsilon .$$

Mit „the whole extensive set of determinants of reportet subjective well-being" ist die Beschreibung von *Y* etwas allgemeiner gehalten, *Y* dürfte aber im Prinzip *X* in Gleichung (1) entsprechen. Weiterhin ist *t* die Zeit und *U* das aktuelle Wohlbefinden, das mit dem erklärtem Wohlbefinden *H* in funktionalem Zusammenhang steht. Der Fehlerterm ε wird hinzuaddiert.

schen eher heiraten. Eine andere wichtige Frage ist, inwieweit äußere Umstände überhaupt Einfluss auf das Wohlbefinden der Menschen haben. Glücklich zu sein, so „a fundamental suprise of well-being research" (KAHNEMAN 2000a: 685), wird durch die Persönlichkeit oder das Temperament von Menschen mehr bestimmt als durch die Lebensumstände. Die Gene, so warnt LAYARD (2005: 71) aber einschränkend, „bestimmen nicht, sondern sie legen nur eine gewisse Wahrscheinlichkeit fest".[43] In dieser Arbeit muss ein Hinweis auf diese Diskussion genügen, wenn man sich nicht in den Spezifika empirischer Forschung verlieren will.

Neben der Erhebung der Determinanten des Glücks (obwohl diese Bezeichnung eine Kausalitätsrichtung zum Glück hin impliziert) ist eine andere Richtung der Psychologie auf empirischer Ebene wichtig. Bei dieser geht es um den Nachweis und die genaue Spezifizierung von Verhalten, dass weder den erwarteten noch den tatsächlichen Nutzen zu mehren versucht, mithin als irrational bezeichnet werden kann. Die Arbeiten des Psychologen DANIEL KAHNEMAN zu diesem Thema haben es im Jahr 2000 zu Nobelpreiswürden gebracht. Die Ergebnisse werden in Abschnitt 5.1.1 vorgestellt.

4.1.2 Theorie

Wie gelangen die empirischen Erkenntnisse in die ökonomische Theorie? Dazu ist erstens die Begriffsbildung bzw. die Systematisierung der Erkenntnisse erforderlich. Im Anschluss können die Begriffe entweder für eine Kritik oder die Reformulierung bestehender Theorie genutzt oder direkt neue Ansätze ökonomischen Denkens entwickelt werden.

In der Findung von Begriffen, die eine Systematisierung und Differenzierung erlauben, haben sich die Autoren in ihren Ausführungen noch nicht konsolidiert: „Recent reviews of scientific work on subjective well-being (SWB) reveal disagreements in conceptualization, measurement, and explanation of the concept" urteilen von JOHAN ORMEL ET AL. (1999: 1). FREY/STUTZER (2002a: 22f) nennen drei Unterschiede von Wohlbefinden und Präferenzen (*contextual influences*, *biases in cognition* und *limited ability, to predict one's future tastes*), in die sie die gemessenen „irrationalen" Verhaltensweisen einordnen. KAHNEMAN (2000a: 685ff) selbst benutzt den auf BRICKMAN/CAMPBELL (1971) zurückgehenden Begriff der *treatmills*, um einige dieser Effekte zu überschreiben. LANE (2000: Kapitel 17) behandelt unter dem weiter gefassten Begriff des *self-inspired pain* Verhaltensweisen, die

---

[43] Am Beispiel des Glückshormons Serotonin beschreibt er, wie die genetische Veranlagung durch die Erfahrungswelt des Betroffenen verstärkt wird.

das persönliche Glück eher mindern und grenzt sie damit von systemimmanenten Störern allgemeinen Wohlbefindens ab. Das rationales Handeln nicht unbedingt zum persönlichen Glück führt, wird auch als *Paradox* bezeichnet (Vgl. PASINETTI 2005). Bei LAYARD (2005a) tauchen die psychologischen Studien an verschiedenen Stellen auf.[44] Um die soziale Einbindung des Einzelnen in das Konzept des subjektiven Wohlbefindens einfließen zu lassen, wird der Begriff des *Sozialkapitals* verwendet.[45]

Was die Kritik an und die Reformulierung von ökonomischen Ansätzen angeht, stechen NG'S Ausführungen zur Wohlfahrtsökonomie hervor, auf die im Abschnitt 6.5 eingegangen wird. Fast ein Neuansatz besteht in der Betrachtung einer sozialen Produktionsfunktion von ORMEL ET AL., die auf der Idee einer Haushaltsproduktionsfunktion von BECKER und MICHAELS aufbaut (Abschnitt 6.3). In der Neuformulierung von Theorien und Ansätzen ist aus meiner Sicht die im Abschnitt 6.4 behandelte Betrachtungen eines *Prozessnutzens* von BENZ am aussichtsreichsten, in der vorgeschlagen wird, die rein ergebnisorientierten Bewertung zu ergänzen.

4.1.3 Praxis

Die Forschungen rund um das Wohlbefinden oder Glück der Menschen wirken sich praktisch über die „Aufklärung" der Menschen und über Empfehlungen an die Politik aus. Der Weg einer empirischen Studie zu einer Verhaltensänderung der Menschen ist allerdings oft steinig, zumal eine der wichtigsten Implikationen der Veröffentlichungen ist, dass das eigene Handeln und Denken in einer Gegenseitigkeit mit anderen zu verstehen ist und dass das einseitige Ändern seines Handelns nicht per se zum Erfolg führt. Der andere Punkt ist, dass der Einzelne in seiner Urteilsfähigkeit und Verhaltensorientierung gerade nicht so souverän ist, wie das Konzept der *revealed preferences* voraussetzt.

> „The point of these observations is not to support paternalism, but to reject one of the arguments commonly raised against it. The claim that agents should be left alone because they generally know what is good for them is less secure than is generally assumed in economic discourse" (KAHNEMAN ET AL. 1997: 397).

---

[44] Ein Ansatz für eine Systematik ist die Darstellung von Ungleichheit, externer Effekte, Werte, Verlustvermeidung und inkonsequentes Verhalten als „fünf typische menschliche Eigenschaften", die berücksichtig werden müssten, wenn man der „Vision" von einer „Wirtschaftstheorie, die die Erkenntnisse der neuen Psychologie einbezieht" folgen will (LAYARD 2005a: 153).

[45] Eine eingehende und umfassende Analyse dieses Begriffes bietet HALPERN (2005).

So bleibt die Ableitung von Empfehlungen für die Politik, wie sie LAYARD (2005a; 2005b) vornimmt. Am ganzheitlichsten betreibt das kleine Kaiserreich Bhutan die Umorientierung der Politik auf das Glück der Menschen hin. Dort soll das Bruttosozialprodukt durch ein *Gross National Happiness* ersetzt werden.[46] FREY/STUTZER (2000a) konzentrieren sich auf die institutionellen Rahmenbedingungen und plädieren u.a. für mehr direkte Demokratie.

4.2 Determinanten des Glücks

Die Dreiteilung des letzten Abschnitts diente lediglich der Übersichtlichkeit. Jede Befragung braucht eine Hypothese und einen theoretischen Hintergrund. Praktischen Empfehlungen geht meist zumindest eine kurze Darstellung des empirisch-theoretischen Forschungsstandes voraus. Den methodischen Bemerkungen folgt nun der Versuch die vielfältigen Antworten auf die Frage, was für unser Glück verantwortlich ist, zu strukturieren. Dabei kann einerseits auf die Ökonomie als System mit bestimmten Wirkungen und äußeren Zusammenhängen abgehoben und anderseits vom Individuum als Ort des gefühlten Glücks ausgegangen werden (vgl. untenstehende Abbildung 3).

Im Hinblick auf das Verhältnis des Systems Ökonomie zum Glück können erstens *direkte Wirkungen* ökonomischer Größen wie Einkommen, Arbeitszeit, Produktvielfalt, Preisniveaus und Inflation auf das Glücksempfinden untersucht werden. Direkte Beziehungen gibt es auch in umgekehrter Richtung, nämlich in der Wirkung des Glücks der Menschen auf Produktivität und Einkommen. Zweitens sind die *indirekten Wirkungen* der Ökonomie auf andere Faktoren, die wiederum für das Glücksempfinden der Menschen verantwortlich sind, Gegenstand der Betrachtung. Hier ergibt sich eine Möglichkeit, das Verhältnis des ökonomischen Systems zu anderen gesellschaftlichen Subsystemen, die die Umwelt der Ökonomie darstellen, zu beschreiben und zu bestimmen.

Maßgeblich für das Glück des Einzelnen ist die Situation, in der er sich befindet und welche Wahrnehmungsmuster er verinnerlicht hat, um diese Situation einzuschätzen. SCHAAF (1991: 115) verwendet die Begriffe *Situations- und Dispositionsfaktoren* des Glücks. Meiner Ansicht nach muss hinzugefügt werden, in welchem Umfang Situation und Disposition dem eigenen Handeln zuzurechnen sind. Die rationale Wahl findet in diesem Rahmen statt.

---

[46] Verweise auf dieses *Gross Happiness Product* (GNH) finden sich bei FREY/STUTZER (2002a: vii) und LAYARD (2005a: 91), der auf entsprechende Überlegungen der britischen Regierung verweist (vgl. DONOVAN/HALPERN 2002). Eine Darstellung des Konzeptes sowie notwenige Hintergründe und weiterführende Links bietet CASPARI (2006). Aus Sicht der Regierung werden die Perspektiven des GNH von THINLEY (1999) dargestellt.

Deshalb könnte einerseits in *im und außerhalb des Individuums* liegende Glücksdetermi-
nanten und andererseits in *in und außerhalb der Macht des Individuums* liegende Determinanten unterschieden werden. Dem entspricht am ehesten der ökonomische Dualismus von
Ressourcen und Restriktionen. Die linke Seite der untenstehenden Abbildung spiegelt den
Status des methodologischen Individualismus im Ansatz des subjektiven Wohlbefindens
wider, der durch die Beeinflussung des wahrgenommenen und tatsächlichen individuellen
Handlungsraums in sein gesellschaftliches Umfeld eingebettet wird.

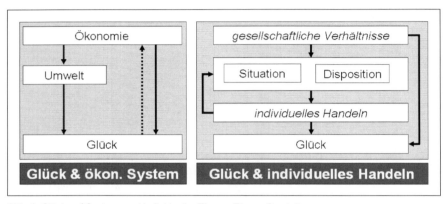

Abb. 1: Glück auf System- und individueller Ebene; *Eigene Darstellung*

Die Gliederung des kommenden Abschnitts orientiert sich an der Systemperspektive. Zuerst werden ausgewählte Wirkungen ökonomischer Größen auf das Glück der Menschen
dargestellt. Dabei wird die Erweiterung des Horizonts deutlich, die durch die Verwendung
der Kategorie *Glück* möglich wird. Auf die Betrachtung der Rückwirkungen glücklicher
Menschen auf den materiellen Output von Firmen wird verzichtet. Im zweiten Teil werden
andere „Glücksfaktoren" (LAYARD 2005a) und deren Beeinflussung durch die Ökonomie
untersucht.

4.2.1 Glücksquellen in der Ökonomie

Die Tendenz ist eindeutig: die Potenz der Ökonomie durch ihren Output, also das erwirt-
schaftete Einkommen und die produzierten Güter, zum Glück der Menschen beizutragen,
ist ab einem bestimmten Level gering. Die genauere Betrachtung liefert allerdings ein dif-

ferenzierteres Bild. Weitere ökonomische Größen, deren direkter Einfluss auf das subjektive Wohlbefinden untersucht wurde, sind die Beschäftigung und die Inflation[47].

a) *Einkommen*

Hier wird in erster Linie mit Untersuchungen auf nationaler und internationaler Ebene argumentiert. Dort wurde der Zusammenhang von Einkommen, teilweise mit Kaufkraftparitäten gewichtet, und geäußertem Glück untersucht. Es kann in Querschnitts- und Längsschnittanalysen unterschieden werden. In den Querschnittsanalysen wird entweder gefragt, welcher Zusammenhang von Einkommen und Glück *innerhalb eines Landes* oder welcher Zusammenhang zwischen Einkommens- und Glücksniveaus *mehrerer Länder* besteht.[48] In der Längsschnittanalyse wird der Zusammenhang zwischen Einkommensniveau und Glücksdurchschnitt *eines Landes über die Zeit* beobachtet.

Die auf RICHARD EASTERLIN (1974) zurückgehenden Ergebnisse für den ersten Typ Querschnittsanalyse werden von BRUNI/PORTA (2005: 4) zusammengefasst: „Within a single country, at a given Moment in time, the [positive] correlation between income and happiness exists and is robust". Der zweite Typ, der internationale Vergleich, wird in der Literatur folgendermaßen beschrieben: bis zu einem bestimmten Einkommen ist der Zusammenhang ebenfalls positiv und deutlich, oberhalb dieser Grenze, die auf 20.000$ Prokopfeinkommen geschätzt wird, gibt es diesen Zusammenhang nicht. „Wenn wir westliche Industrienationen vergleichen, stellen wir fest, dass die reichen [Nationen] nicht glücklicher sind als die armen" (LAYARD 2005a: 46).[49] Für diese Industrienationen wird dann zur Bestätigung meist die Längsschnittuntersuchung dargestellt, in denen die starke Einkommensentwicklung von dem nahezu konstanten Glücksniveau abgekoppelt scheint.[50] Die folgende Grafik stellt diese Ergebnisse schematisch dar.

---

[47] Diese eher makroökonomische Frage wird hier ausgeklammert. Siehe dazu FREY/STUTZER (2002a: 111ff) und DI TELLA ET AL. (2003).

[48] Für eine allgemeine Weltkarte des Glücks siehe WHITE (2006). Die Studie soll im Herbst 2006 veröffentlicht werden. Zusammenfassungen bieten u.a. ein Internet-Artikel des ORF (2006) mit weiterführenden Links und ein Zeitungsartikel in den Potsdamer Neuesten Nachrichten (MARTENSTEIN 2006).

[49] LANE (1999: 107) sieht sogar negative Beiträge des steigenden Einkommens in reichen Staaten nach dem zweiten Weltkrieg.

[50] Für Japan siehe FREY/STUTZER (2002a: 9), für die USA siehe LAYARD (2005a: 44).

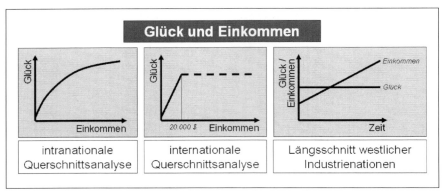

Abb. 4: Einkommen als Quelle des Glücks; *Eigene Darstellung*

Der Zusammenhang zwischen Glück und Einkommen, unterscheidet sich je nach Analyseform und der Beobachtungseinheit, aus der die Stichprobe genommen wird. Es lohnt sich offensichtlich in Hinblick auf das Glück, das Einkommen armer Länder zu erhöhen (mittlerer Graph).

Zwischen den äußeren Graphen besteht ein zu klärender Widerspruch: wenn Menschen mit höherem Einkommen glücklicher sind (linker Graph), dann müsste bei einer durchschnittlichen Einkommenssteigerung auch das durchschnittliche Glücksniveau steigen, was aber nicht geschieht (rechter Graph). Für diese Frage gibt es drei Erklärungen: erstens könnten die durchschnittlichen Einkommenssteigerungen durch erhebliche Mehreinkommen des reicheren Teils der Bevölkerung entstanden sein, was wegen des abnehmenden Grenznutzens dann keine Wirkung auf das durchschnittliche Glücksniveau hätte. LAYARD (2005a:53) liefert die anderen beiden Begründungen:

> „Menschen schauen sehr auf ihr relatives Einkommen und würden sogar einen Rückgang ihrer Lebensqualität hinnehmen, wenn sie dabei im Vergleich zu anderen aufsteigen könnten. Menschen vergleichen ihr Einkommen immer auch mit dem, was sie selbst gewohnt sind".[51]

Das erste Argument greift bei einer relativ gleich verteilten Einkommenssteigerung, weil dann das relative Einkommen gleich bleibt, und auch bei ungleich verteilter Einkommenssteigerung: Weil die zusätzliche Freude des einen durch den Ärger des anderen

---

[51] ZINN (1999: 128) weist darauf hin, dass die Unterscheidung in relative und absolute Bedürfnisse durch KEYNES in die ökonomische Analyse eingeführt wurde.

(über)kompensiert wird, steigt das durchschnittliche Wohlbefinden nicht.[52] Das zweite Argument beschreibt den Mechanismus der *hedonistischen Tretmühle*, bei der sich jeder bemüht, um sich nachher im gleichen Verhältnis zwischen Anspruch und Wirklichkeit als auch zwischen Bezugsgruppe und sich selbst wieder zu finden.

b) Konsum

Wie bei der Erklärung des Zusammenhangs von Einkommen und Glück kann auch bei der Erklärung des geringen Zusammenhangs von Glück und Konsum auf die relative rasche Gewöhnung an den Besitz (vgl. LAYARD 2005a: 62) und den Gebrauch materieller Dinge Bezug genommen werden. Es gibt diesbezüglich aber andere Punkte die über die Sicht von Konsum als direkte Folge von Einkommen hinausgehen und die Beziehung von Gütern und Bedürfnissen betreffen. Einerseits kann die Eignung von materiellen Gütern zur Befriedigung von Bedürfnissen diskutiert und andererseits der Beitrag von Gütern zur Entstehung von Bedürfnissen hervorgehoben werden.

Zum ersteren Punkt äußert SCITOVSKY (1989: 10) Verständnis für die Konzentration auf materielle Güter, gibt aber deren geringe Bedeutung für unser Wohlbefinden zu Bedenken:

> „Die Befriedigung der materiellen Bedürfnisse, der die breite Öffentlichkeit die meiste Zeit und Aufmerksamkeit widmet, macht zwar nur einen relativen geringen Teil aller Bedürfnisse aus, aber dies ist genau der Teil, dessen Umfang und Verteilung wir am ehesten kontrollieren können."

LANE (2000: 59) spitzt diese Aussage zu: „[M]any, perhaps most, of the pleasures of life are not priced, are not for sale, and therefore do not pass through the market".

Zum zweiten Punkt findet SCHAAFF (1991: 74) die sinnfällige Unterscheidung von *Bedarfsdeckungs- und Bedarfserweckungswirtschaften*. Sicher gebe es Güter, die natürliche Bedürfnisse wie Hunger oder Schutz vor Kälte befriedigen, viele Bedürfnisse gebe es aber erst durch die Güter. LATOUCHE (2004: 84) schließt daran eine faktisch systemtheoretische Betrachtung an: Bedürfnisse seien, so die autopoietische[53] Bedingung, nur dann zu befrie-

---

[52] FREY/STUTZER (2002a: 86) verweisen auf die von DUESENBERRYS beschriebene Asymmetrie der Externalitäten: „The wealthier people impose a negative external effect on the poorer people, but not vice versa".

[53] Autopoiesie ist eine Eigenschaft von Systemen, ihre inneren Funktionsweisen (die für das System konstitutiv sind) aus sich selbst heraus zu reproduzieren, um sich zu erhalten. In der Systemtheorie des deutschen Soziologen NIKLAS LUHMANN (1998) ist diese innere Funktionsweise Kommunikation in einem bestimmten Code. Im Wirtschaftssystem (vgl. LUHMANN 1988) ist der Code Zahlung und Nichtzahlung.

digen, „wenn sie neue und wachsende Bedürfnisse erzeugen, die [mit Gütern] zu befriedigen sind". Differenzierter geht ZINN (1999: 138) von *Bedürfnisaktivierung* aus:

> „Bedürfnisse müssen zumindest latent vorhanden sein, um virulent werden zu können. [...] Die Vorstellung, Werbung oder andere von außen auf das Subjekt einwirkende stimulierende Reize könnten Bedürfnisse schaffen oder quasi aufzwingen, ist wohl unzutreffend, soweit es sich um Erwachsene handelt".[54]

Eher ist es so, dass die Wahrnehmung gestärkt wird, Güter würden sich als Mittel zur Bedürfnisbefriedigung eignen. „Ob dem Prestigebedürfnis [beispielsweise] hingegen auf andere Weise und dann vielleicht sogar mit einem sehr viel günstigerem Nutzen-Kosten-Verhältnis entsprochen werden kann, bleibt dabei ausgeblendet" (ebd.: 138).

c) *Arbeit*

Man kann die von Arbeit ausgehende Wirkung auf das menschliche Wohlbefinden an der Arbeit selbst und am Fehlen einer Beschäftigung, also der Arbeitslosigkeit, untersuchen.

„Unemployment thus has a substantial negative effect on the happiness of the people experiencing it" konstatieren FREY/STUTZER (2002a: 97) nach der Auswertung von Studien, verweisen auf die hier geprüfte Richtung der Kausalität und betonen: „It is important to note that all these results refer to the »pure« effect of being unemployed". Das bedeutet vor allen Dingen, dass der Verlust von Einkommen nicht die hauptsächliche Ursache für das Unglück der Arbeitslosen ist. „Thus two-thirds of the overall negative effect of unemployment on happiness still remain and can only be explained by nonpecuniary costs" (ebd.: 99). Diese Kosten ließen sich, so die Autoren, in psychologische und soziale Kosten unterteilen: „Unemployment produces depression and anxiety, and results in a loss of self-esteem" (ebd.: 99), werden die psychologischen Kosten konkretisiert.[55] Als soziale Kosten sind soziale Kontakte durch den Verlust eines gemeinsamen Gegenstandes sowie der Verlust einer Sinn gebenden Tätigkeit denkbar. FREY/STUTZER meinen aber eher die Kosten, die die nicht Betroffenen tragen: die durch den Arbeitslosen vergegenwärtigte Gefahr selbst arbeitslos zu werden, die durch ihn/sie bezeugte allgemeine Krise und die dadurch

---

[54] LAYARD (2005a: 250) fordert deshalb auch ein Verbot von Werbung, die auf Kinder zielt.

[55] Der Vollständigkeit halber sei hier auf die unterschiedliche Wirkung nach Alter (umgedrehte Parabel mit einem Peak bei 40 Jahren), Geschlecht (Männer leiden darunter die implizite Ernährerrolle nicht erfüllen zu können), Bildung (je höher die Bildung, je höher das Leid) und Häufigkeit der Arbeitslosigkeit (auch hier gibt es einen Gewöhnungseffekt) verwiesen. Vgl. FREY/STUTZER (2002a: 99f). Im Gegensatz dazu siehe LAYARD (2005a: 82): „Arbeitslosigkeit ist also ein besonderes Problem. Sie schmerzt nach ein oder zwei Jahren genauso wie am Anfang.".

gestiegene Furcht vor Arbeitskämpfen und sozialen Unruhen. So ein Stigma macht auch den Arbeitslosen selbst zu schaffen und so lässt sich das gesellschaftlich Unglück näherungsweise aus dem Unglück der Betroffenen und dem der verängstigten Anderen aufsummieren. Diesem Effekt entgegengesetzt wirkt die relative Bewertung der eigenen Situation zur Situation von anderen. Wenn in der Bezugsgruppe oder gar in der ganzen Gesellschaft die Arbeitslosigkeit steigt, schlägt sich die eigene Arbeitslosigkeit nicht so sehr auf das Glücksempfinden nieder. Eine letzte soziale Komponente des Verhältnisses von Glück und Arbeitslosigkeit liegt in der Strenge der sozialen Norm, vom eigenen Einkommen zu leben: „In an estimation across Swiss communities, it has been shown that the stronger the social norm to live off one's own income, the lower is unemploymed people's reported satisfaction with life" (ebd.: 102).

Wenn sich das Unglück der Arbeitslosigkeit also nur zum kleinen Teil aus dem Verlust von Einkommen erklären lässt, dann kann umgedreht das Glück aus Arbeit auch nicht nur dem erzielten Einkommen entspringen. Das Glück der Arbeitenden hat nach einer Einteilung von FREY/STUTZER (2002a: 104) zwei äußere Erscheinungen:

- Glück wird durch extrinsische Belohnung wie Bezahlung, gute Arbeitsbedingungen, Arbeitsplatzsicherheit und Prestige beeinflusst.

- Glück durch intrinsische Belohnung entsteht durch das Einsetzen seiner Fähigkeiten, die Vielfalt der Aufgaben, die Eigenständigkeit und die Möglichkeit zu sozialen Kontakten. Hier zeigt sich, dass anspruchslose, festgelegte, monotone und isolierte Tätigkeiten tatsächlich keinen intrinsischen Anreiz bieten.

Intrinsische und extrinsische Bestandteile des Arbeitsglücks stehen in einem schwierigen Verhältnis von *Crowding-In* und *Crowding-Out*. Sie ergänzen und verdrängen sich also.[56]

Wenn Arbeitslosigkeit also mehr als „nur" das Einkommen kostet und Arbeit mehr als „nur" das Einkommen wert sein kann, was sind dann die Implikationen? Erstens: Wenn die Arbeitslosenversicherung eine tatsächliche Versicherung gegen den Arbeitsplatzverlust wäre, könnten die Beiträge höher berechnet werden als es für die Absicherung des Risikos des Verdienstausfalls notwendig wäre. Eine solche Versicherung kennt der Markt und vor allem der Wettbewerb aber nicht. Zweitens: Wenn die Arbeit bestimmten Kriterien genügt, könnten die Löhne gesenkt werden. Das „Arbeitsangebot" könnte aber auch durch die Ges-

---

[56] Vgl. FREY/STUTZER (2002a: 105) und LAYARD (2005a: 178f).

taltung der Arbeitsabläufe gehoben werden. Auf diese Idee wird im Abschnitt 6.3 detaillierter eingegangen.

4.2.2 Glücksfaktoren unter ökonomischem Einfluss

LAYARD (2005a: 78) hat aus den verschiedenen Studien sieben Glücksfaktoren extrahiert, von denen die *finanzielle Lage* und *Arbeit* im vorigen Abschnitt behandelt wurden. Weiterhin nennt er die *familiären Beziehungen*, das *soziale Umfeld*, *Gesundheit*, *persönliche Freiheit* und die *Lebensphilosophie*. All diese Faktoren sind in unterschiedlicher Intensität positiv mit Glück korreliert. LANE (2000: 77) sieht die Gemeinschaftlichkeit[57] als Gegenmittel gegen den Verlust von Glück in Demokratien und Marktgesellschaften, und meint damit „both familiy solidarity and friendship (social support, to social scientists)", also LAYARDS *familiäre Beziehungen* und das *soziale Umfeld*. FREY/STUTZER (2000a, 2002a) sehen neben den ökonomischen Faktoren gesellschaftliche Mitbestimmung als eine solche Quelle, was LAYARD (2005a: 85) unter *persönliche Freiheiten* einordnet. Im Folgenden sollen vor allem die Rückwirkungen der Ökonomie auf soziale Beziehungen und die Familie herausgestellt werden.[58]

Das eine gute Nachbarschaft und eine intakte Familie zum guten Leben gehört, ist in diesem Falle nicht die neue Nachricht, auch wenn die detaillierte und valide Messbarkeit überrascht. Die Quintessenz ist eher, dass Menschen versuchen ein höheres Einkommen zu erreichen, um ihren materiellen Wohlstand zu mehren, und dabei unversehens an den sozialen Aspekten des glücklichen Lebens rütteln. Die Konstruktion einer Einkommens- / Freizeitentscheidung legt zwar die Wertschätzung der Freizeit in die Hände des Individuums und könnte die im Folgenden beschriebenen Aspekte also enthalten ohne sie explizit zu

---

[57] Im englischen Original „companionship", das sowohl mit Gemeinschaft als auch mit Gesellschaft übersetzt werden kann. Ich denke hier ist Gemeinschaftlichkeit, also ein Bündnis als Eigenwert, im Gegensatz zum Bündnis als Mittel, gemeint. Diese Unterscheidung geht auf FERDINAND TÖNNIES (1991) zurück.

[58] Gesundheit ist für ein glückliches Leben verantwortlich und Stress durch übermäßigen Wettbewerb sowie schlechte Arbeitsbedingungen können sich eindeutig negativ auf die Gesundheit auswirken. Für eine Diskussion von Gesundheit und Glück siehe u.a. LAYARD (2005a: 84, 199ff), für eine nutzentheoretische Interpretation von Gesundheit ein Interview mit GARY S. BECKER (FRIEMEL 2004) und für Gesundheit im Spannungsfeld von Ökonomie und Gesellschaft SYGNECKA (2003a). Nicht behandelt werden zudem Lebensphilosophie (vgl. FN 27 in dieser Arbeit) und persönliche Freiheit als Quellen des Wohlbefindens. Vgl. FREY/STUTZER (2000a) für eine Diskussion von Freiheit und Glück und SEN (2002) für eine Diskussion von Freiheit und Ökonomie.

nennen. Die ökonomische Modellierung vereinfacht allerdings um einige Punkte, deren Wirkung auf das Glück nicht zu unterschätzen ist.

Die *familiären Beziehungen* sind in den Kriterien der Heirat und dem Vorhandensein von Kindern operationalisiert. Beides wirkt sich zuerst positiv auf das Glück der Menschen aus, lässt bei der Elternschaft bis zur Unkenntlichkeit nach, bei der Ehe bleibt ein messbarer Rest. Im Falle einer Trennung gibt es einen Ausschlag der Glückskurve über die Zeit nach unten, Frauen leiden länger. Wenn sich aber häufiger geschieden oder getrennt wird, was in Deutschland seit den 70er Jahren der Fall ist, fällt auch das momentane durchschnittliche Glücksniveau (Vgl. LAYARD 2005a: 80). Die Schlussfolgerung ist nicht, Menschen durch sozialen Druck oder wirtschaftliche Abhängigkeit in den Ehekäfig zu sperren, sondern zu untersuchen ob ökonomisches Handeln Trennungen befördert.[59] Auch Kinder profitieren langfristig von intakten Familienverhältnissen im Sinne eines verlässlichen und dauerhaften Bezugs. Eine ähnliche Wirkung hat das *soziale Umfeld*[60], das vor allem über die Einschätzung der Vertrauenswürdigkeit der Mitmenschen gemessen wird.[61] Vertrauen wirkt im Wesentlichen auf das Glück, indem es Sicherheit gibt und Komplexität reduziert. Das Fehlen eines intakten sozialen Umfelds (und einer Familie) macht unser Glücksempfinden anfälliger gegenüber Misserfolgen auf den Märkten.[62] Zudem ist eine verlässliche Referenz entscheidend für die Bildung einer gesunden Persönlichkeit.[63] „Wir sind soziale Wesen, und unser Glück hängt vor allem davon ab, wie unsere Beziehungen zu anderen

---

[59] Als Gründe für das Zusammenleben führt LAYARD (2005a: 81f) an: „Wir schenken einander Liebe und Geborgenheit, wir teilen unsere Ressourcen und mehren dadurch unseren wirtschaftlichen Wohlstand, und wir unterstützen uns einander. Verheiratete haben zudem ein besseres Sexualleben als Singles […]. Statistisch sind Verheiratete gesünder und Leben länger. […] Wir brauchen andere und wollen gebraucht werden".

[60] Über den Einfluss sozialer Beziehungen auf das Wohlbefinden in Europa siehe die empirische Untersuchung von PETRA BÖHNKE (2005: 48ff).

[61] Im Rückschluss von der Vertrauenswürdigkeit der Menschen auf das Vertrauen in die Menschen[61], wird *Vertrauen* zwischen der vorgängigen *Aufmerksamkeit* (also die Beachtung und Berücksichtigung des anderen) und der nachgängigen *Beteiligung* an der Gemeinschaft als eine der drei Bestandteile des viel verwendeten und diskutieren Begriffs des *Sozialkapitals* verwendet (Vgl. OFFE/FUCHS 2001).

[62] Vgl. den *Malnutrition-Effect* von LANE. Siehe dazu Fußnote 40 in dieser Arbeit.

[63] Dazu BAUMANN (2000: 140): „Und je mehr es mir daher gelingt, ein einzigartiges Selbst zu entwickeln, destso mehr bedarf ich einer sozialen Bestätigung meiner Erfahrung." Die mögliche Kompensation fehlender sozialer Bestätigung sei nur eine scheinbare und unvollständige Lösung, auch wenn ihre Einfachheit verleitet, diesen Weg zu wählen. Vgl. auch LANE (2000: Kapitel 16) und ZINN (1999: 129).

Menschen aussehen." (LAYARD 2005a: 19). Die Wirkung der Ökonomie auf Familie und Gemeinschaft lässt sich anhand der Begriffe *Flexibilität* und *Relationalität* systematisieren.

Die Bestandteile (diskontinuierlicher Institutionsumbau, Produktionsspezialisierung und Macht ohne Zentralisierung), Ursachen und Wirkungen von *Flexibilität* analysiert RICHARD SENNETT (2000).[64] Der ständige Wandel unterläuft die Identifikation, schürt Angst und macht Erfahrung überflüssig. Der Mensch als aggregiertes Produkt seiner Vergangenheit wird entwertet. Die Arbeitsverhältnisse werden durch Projekte dominiert. Dort wo kurzfristig Monopolgewinne realisiert werden können, und insofern Menschen für spezielle Tätigkeiten gebraucht werden, braucht man die Arbeitnehmer nur für kurze Zeit. Die Folge ist ein häufiges Wechseln des Arbeitsplatzes oder die Konzentration auf Tätigkeiten, deren Subjekt der Verrichtung austauschbar und deshalb schlecht bezahlt und ohne intrinsischen Wert ist. Dieses Wechseln des Arbeitsplatzes verhindert es, feste Bindungen zu knüpfen, Vertrauen zu fassen, sich auf gemeinsame Werte zu einigen – kurz es verhindert die Entstehung von Gemeinschaften bzw. erodiert sie. Familien, in der ökonomischen Begrifflichkeit „Haushalte", können sich nur schwer diesen systematischen Bedingungen entziehen – sie haben keine Wahl außer der zwischen einer Fernbeziehung, des ständigen Umziehens oder des Bruchs. Nicht selten dürfte letzteres die Folge sein. Die ökonomische Theorie muss diese asozialen und afamiliären Wirkungen einbeziehen, anstatt jede Bemühung zu protegieren, die die Annäherung der Wirklichkeit an ihre Annahme der „unendlich schnellen Anpassung" befördert.

Wenn hier an den Wählenden verwiesen wird, der ja nicht die besser bezahlte Stelle zu nehmen braucht, wenn er vor Ort bleiben kann, so sind zwei Einwände zu nennen. Erstens profitieren die ökonomischen Größen Einkommen und Beschäftigung von ihrer übersichtlicheren Informationslage: „[O]ur current market democracies have manuals and schools and multiple signs for maximizing wealth but little or non for increasing the benefits of companionships" (LANE 2000: 94). Zweitens beruhen soziale Bindungen auf Gegenseitigkeit. Die Wahl für den Erhalt der Bindung ist von der Unsicherheit geprägt, welche Wahl die jeweils anderen treffen, und durch die Hoffnung verzerrt, am neuen Ort ließen sich neue Bindungen genauso wieder aufbauen, wie sich Supermärkte und Schulen finden würden. Die Wahrscheinlichkeit, dass diese Hoffnung erfüllt wird ist aber, so SENNETT (2000:

---

[64] Für eine kurze Darstellung der durch die Verwendung von Glück entstandenen neuen Sichtweise auf Mobilität als Teilbereich der Flexibilität siehe LAYARD (2005a: 164f) und RICHERT (1996: 262ff). Neben der indirekten Wirkung der Flexibilität auf das Glück über die (Schwächung der) sozialen Beziehungen behandelt SENNETT auch direkte Wirkungen wie Angst, Verunsicherung und das Gefühl der Hilflosigkeit.

198), gering, weil die drohende Fluktuation die Erfolgsaussichten für diese zeitintensive Arbeit schmälert.

Die Generierung von Glück durch soziale Beziehungen erhält ihre Schwierigkeit also durch ihre *Relationalität*, die sich von ökonomischen Beziehungen unterscheidet. ZAMAGNI (2005: 303) unterscheidet zwischen Mensch-Ding-Beziehungen und Mensch-Mensch-Beziehungen, wobei der Nutzenbegriff nur ersteres erfasst. Beziehungen würden auf Verträge (*contracts*) reduziert, die er als „the exchange of equivalents" (ebd.: 324) beschreibt. In dieser Sichtweise seien die Personen als Tauschpartner selbst austauschbar, es gehe nur um die angebotenen Dienste bzw. die Waren. Mithin könne im Vertrag auch von einer Mensch-Ding-Beziehung gesprochen werden. Diese Mensch-Ding-Beziehungen können aber wesentliche Bedürfnisse nicht erfüllen: „If human beings discover themselves in the interpersonal relationship, fulfilling themselves in relation to others, it follows that their fundamental need is a need of relationality" (ebd.: 324). Diese Relationalität lasse sich, so ZAMAGNI, aber nur über das *Prinzip des Geschenkes* beschreiben, in der die direkte Reziprozität des Tausches zu einer langen „chain of reciprocal acts" (ebd.: 325) umgewandelt wird. Man könne zwar in diese Ketten investieren, sie würden aber ihre Wirksamkeit verlieren, sobald die Investition als solche erkannt wird:

> „The meaning of a generous action towards a friend, a child, or a business colleague lies precisely in its being gratuitous. If we found that action had sprung from a manipulatory logic, it would acquire a completely different meaning, with the result that the modes of response by addressee of action would completely change" (ebd.: 327).[65]

LANE (2000: 97) illustriert dieses Merkmal des Glücks aus sozialen Beziehungen und der Familie anhand einer Studie von ROBERT B. HAYS, die den Gewinn von Freundschaften als Erlös *plus* Kosten beschreibt und damit der ökonomischen Intuition widerspricht. Ökonomisches Handeln kann weite Teile der Wirkungen von Familie und Gemeinschaft auf das Glück des Einzelnen nicht sehen, weil es einen zu direkten Begriff von Reziprozität hat und den „value of bonds" (ZAMAGNI 2005: 326) als Wertkategorie neben dem Tausch- und Nutzwert nicht kennt. Außerdem steht die Instrumentalität von Zweck-Mittel-Beziehungen der Logik von Gemeinschaften diametral entgegen. „Companionship without attending the person is not possible" (LANE 2000: 96). Ein anderer Ansatzpunkt um unterschiedliche

---

[65] ZAMAGNI (2005: 321) untersucht in seinem Aufsatz die ökonomischen Versuche Altruismus zu erfassen und erklärt alle Versuche Uneigennützigkeit aus der Perspektive individueller Eigennützigkeit zu erklären deshalb für unvollständig, weil sie eben an der Instrumentalität festhalten (müssen), deren Abwesenheit gerade konstituierendes Element des Altruismus sei.

innere Logiken der Einbindung in eine Gemeinschaft und in ein Tauschsystem als Quelle des Glücks zu erfassen ist der Begriff *Pflicht*, der im Abschnitt 5.1.2.c erläutert wird.

5 Exkurs: Zur Maximierung von Glück

Auch wenn BENTHAM das Wort *Maximierung* in seiner „Introduction" nicht explizit verwendet, so wird es durch die verwendeten Superlative vom größten Glück zumindest impliziert. Weil die Maximierungshypothese auch wesentlicher Bestandteil der neoklassischen Wirtschaftstheorie ist, versprechen Ansätze, die sich auf Bentham beziehen Anschlussfähigkeit an diese Wirtschaftstheorie. Darin liegt aber ein Trugschluss, denn es lassen sich bei der genaueren Betrachtung von Glück mehrere Maximierungsvorbehalte ausmachen. Diese ergeben sich aus den begrenzten Möglichkeiten der Maximierenden und aus den Eigenschaften des Maximierungsgegenstandes *Glück*. Letzteres führt zu Paradoxa bei der Erreichung eines höheren Glückszustandes. Bei ersterem muss zwischen dem Anspruch an eine Regierung das Glück der Regierten zu maximieren und der Unterstellung eines „basic drive of each individual to maximize his own happiness" (DINWIDDY 1989: 28) unterschieden werden.

5.1 Vorbehalte nach Entscheidungsebene

a) *Maximierung durch das Individuum*

BENTHAM und LAYARD sehen die Verfolgung des Glücks durch die Individuen als Basis eines Regierungshandelns, dass diese individuellen Bemühungen unterstützt. Um die notwendige Reichweite eines solchen Regierungshandelns ermessen zu können, müssen die Erfolgsaussichten individueller Glücksmaximierungen bekannt sein. Die experimentelle Psychologie schätzt diese eher gering ein. DANIEL KAHNEMAN hat drei systematische Fehler ausgemacht, die Menschen machen, wenn sie den *gefühlten Nutzen* (experienced utility), was dem subjektiven Wohlbefinden entspricht, maximieren wollen. Erstens werden Alternativen nicht neutral, sondern je nach Situation und Darstellung verschieden wahrgenommen und Risiken nicht streng monoton bewertet. Diese beiden Punkte sind als *prospect theory* bekannt geworden. Zweitens werden systematische Fehler in der Evaluation vergangener Erlebnisse gemacht, zumindest wenn man die Vorstellung eines Glückswertes als Integral unter einer *pain/pleasure*-Kurve als Referenz nimmt[66]. Drittens scheint es

---

[66] Vgl. KAHNEMAN (1997: 388ff) und NG (2004: 258ff) für eine Diskussion des Integrals der Zustände über die Zeit als Maß für das subjektive Wohlbefinden.

Menschen gar nicht zuverlässig möglich, zu sagen, was sie in Zukunft mögen werden.[67]
Diese drei Fehler werden nun genauer beschrieben:

1.a) Für die Entscheidung zwischen zwei Alternativen ist es von Bedeutung, ob diese als Verlust oder als Gewinn gekennzeichnet werden. Nicht das Ergebnis ist entscheidend, sondern das Vermeiden von Verlust bzw. das Erlangen eines Gewinns.[68] In Anlehnung an die Risikoscheue wird dieses Verhalten als *loss-aversion* bezeichnet. So kann auch der *Endowment-Effekt* erklärt werden, der eine Zahlungsbereitschaft für den Kauf eines Gutes beschreibt, die niedriger ist als der verlangte Preis des gleichen Gutes beim Verkauf.[69]

1.b) Differenzen von Eintrittswahrscheinlichkeiten werden bei sehr kleinen und sehr hohen Wahrscheinlichkeiten stärker bewertet als Änderungen in mittleren Bereichen. TVERSKY/KAHNEMAN (2000: 44ff) überschreiben dieses Verhalten als *nonlinear decision weights*. Zusammen mit dem ersten Punkt kann eine Kurve konstruiert werden, die Eintrittswahrscheinlichkeiten in Entscheidungsgewichte umwandelt.[70]

2.a) Sollen vergangene Zeiträume evaluiert werden, ist für die betreffenden Personen nicht das Integral der erlebten Intensitäten von *pain* und *pleasure* entscheidend, sondern ein Mittel aus dem intensivsten Gefühl und dem Endzustand. Diese *Peak-End-Rule* gilt unabhängig von der Dauer des Ereignisses. Einzelne Erlebnisse wirken nur dann auf das Glück, wenn sie in der bewerteten Episode die intensivsten oder die abschließenden waren. Der Durchschnitt der unmittelbaren Einzelbewertungen (experienced utility) unterscheidet sich demnach wesentlich von der retrospektiven Gesamtbewertung (remembered utility).

---

[67] Vgl. KAHNEMAN ET AL. (1997). Diese These wird auch von dem Harvard-Psychologen DAVID GILBERT (2006) in seinem gerade auf Deutsch erschienenem Buch „Ins Glück stolpern" vertreten (DER SPIEGEL 2006).

[68] Zum Beispiel: Bei einer Katastrophe muss zwischen zwei Maßnahmen unterschieden werden. Die können einerseits beschrieben werden als (A) 20 Menschen von 100 sicher retten oder (B) mit 21% Wahrscheinlichkeit 100 Menschen retten und andererseits als (a) 80 Menschen von 100 verlieren oder (b) 79% keinen Menschen verlieren. Zwischen A und B wird anders entschieden als zwischen a und b.

[69] In einem Experiment wurde die Zahlungsbereitschaft für eine bedruckte Tasse erfragt. Einer zweiten Gruppe wurden diese Tassen geschenkt und ein paar Wochen später, wurde sie nach dem Preis gefragt, den sie verlangen würden, falls jemand diese Tasse kaufen wolle. Dieser lag deutlich oberhalb der durchschnittlichen Zahlungsbereitschaft der ersten Gruppe. Vgl. KAHNEMAN (2000b: 764).

[70] Ein Teilaspekt dieser Kurve ist, dass eigenen Fähigkeiten und die Wahrscheinlichkeiten des Eintretens guter Ereignisse deutlich überschätzt werden.

3.a) Menschen haben erhebliche Schwierigkeiten, zukünftige Geschmäcker abzuschätzen:

> "People may have little ability to forecast changes in their hedonic responses to stimuli. [...] Even in situations that permit accurate hedonic predictions, people may tend to make decisions about future consumptions without due consideration of possible changes in their tastes" (KAHNEMAN 2000b: 767).

Wenn Menschen aber nicht wissen, was sie in Zukunft schätzen werden, lassen sich Entscheidungen, deren Wirkung sich in der Zukunft entfaltet, nicht als rational beschreiben.

3.b) Empirisch lässt sich ermitteln, dass sich Menschen schnell an einen bestimmten Besitzstand gewöhnen (Adaptation) und diesen dann als mindestens normal ansehen. Besitz stiftet dann kein Wohlbefinden mehr.[71] Außerdem ändern sich die Ansprüche mit dem Erreichten (Aspiration). Wenn Adaptation und Aspiration nicht vollständig antizipiert werden, sind Entscheidungen verzerrt.[72]

Inwieweit müssen diese kognitiven Einschränkungen als gegeben hingenommen werden? Wie im Abschnitt 4.1.3 beschrieben, bürgt der Glücksbegriff einen Orientierungspunkt, der Aufklärung ermöglicht. Bereits bei BENTHAM war mit der *Deontology* die Unterrichtung in der Verfolgung des Glücks vorgesehen. Nach Vorstellung der alten Utilitaristen

> „war Bildung die Voraussetzung. »to render the individual, as much as possible, an instrument of happiness, first to himself, and next to other beings«. Die Fähigkeit, »happines« zu empfinden und zu stiften, musste gewissermaßen erst anerzogen werden" (POLLARD 1992: 28 mit einem Zitat von JAMES MILL).

Man könnte aber genauso fragen, warum die kognitiven Einschränkungen ein Problem darstellen. Ist rationales Handeln ein Wert an sich? Zu einer vorläufig negativen Antwort führt die Diskussion der Verortung menschlichen Handelns auf der Skala zwischen *autonom* und *strukturiert*. Die Stellung der Wirtschaftswissenschaften ist dabei ambivalent: einerseits wird atomistisch-autonomes Handeln unterstellt, das den individuellen Nutzen maximiert; andererseits ist dieses Handeln ein eher mechanisches Verhalten[73] entlang der Berührungspunkte von Budgetrestriktion und Indifferenzkurve. Beide Punkte sind problematisch: „Actors do not behave or decide as atoms outside a social context, nor do they

---

[71] Dies gilt auch für negative Ereignisse. Als Beispiel werden häufig Befragungen von Lotteriegewinnern und querschnittsgelähmten Unfallopfern angegeben, die auf BRICKMAN ET AL. (1978) zurückgehen.

[72] Beispielsweise wird die Arbeit/Freizeit-Entscheidung zugunsten der Arbeit verzerrt, weil die Gewöhnung an die Güter, die durch das Mehreinkommen erworben werden können, nicht beachtet wird.

[73] Zur Unterscheidung von Handeln und Verhalten siehe SYGNECKA (2005: 8f).

adhere slavishly to a script written for them by particular intersections of social categories that they happen to occupy" (GRANOVETTER 2001: 55). Wird „der Begriff der Rationalität als selbst sozial konstruierter erkennbar" (BECKERT 1997: 220), ist die Maximierung das geschriebene Skript, von dem GRANOVETTER spricht. Folgt man TALCOTT PARSONS' (1934: 518) Unterscheidung von Natur- und Sozialwissenschaften und ordnet die Wirtschaftswissenschaften letzterem zu, so muss es einen „voluntaristischen Moment des Handelns" (BECKERT 1997: 212) geben.[74] Dieser Moment wäre dann zu verstehen „als unbedingtes Recht auf den Schrecken jedes Ökonomen: Verschwendung" (DIECKMANN 2004: o.S.). Soll individuelles Handeln autonom sein, kann demnach keine mechanistische Rationalität angenommen werden und umgedreht.

Das rationale, seinen Nutzen maximierende Individuum ist ein Idealtyp, eine vereinfachte Abbildung des Menschen in wirtschaftlichen Situationen, die wiederum durch Knappheit nützlicher Ressourcen gekennzeichnet sind. Es ist bekannt, dass es mit der Verfügbarkeit und Verarbeitungsfähigkeit von für die Individuen notwendigen Informationen Schwierigkeiten gibt. Trotzdem hat sich dieses Modell als hilfreich für viele Fragestellungen erwiesen. Es war nie die Frage, ob der Mensch vollständig im *homo economicus* abgebildet ist, sondern nur, ob dieses Modell eine wesentliche Bandbreite menschlichen Handelns abbilden kann. Mit den hier genannten *Maximierungsvorbehalten* wurden die Zweifel diesbezüglich verstärkt.[75] „Are people the best judges of their own interests or well-being?" fragt LANE (2000: 283), und antwortet angesichts der psychologischen Erkenntnisse: „Sometimes". Weil aber alle Analysen des Marktes auf dieser Annahme bauen, seien die Analysen verfehlt.

> „I will give this failing a name: the hedonic fallacy. The fallacy is this: The belief that people know precisely what they are feeling, can explain why they are feeling that way, and, on the basis of this knowledge, can, within their means, maximize their own utilities" (LANE 2000: 284).

„[T]he statement that decisions maximize utility is not a tautology, it can be proved false" folgern KAHNEMAN ET AL. (1997: 388).

---

[74] Diesem voluntaristischen Moment entspricht auch die Abwendung von mathematisch strikten Zusammenhängen der neoklassischen Wirtschaftstheorie hin zu empirischen Wahrscheinlichkeiten.

[75] Durch die Eingrenzung des deskriptiven Charakters des rationalen Individuums ist auch die normative Idee, individuelle Nutzenmaximierung führe zum bestmöglichen Gesamtwohl, geschwächt. Stärkere Argumente gegen diese Idee werden im Abschnitt 5.1.2 besprochen.

b) Maximierung durch die Regierung

Es bleibt letztlich eine Frage des Gegenstandes, eine Frage der Empirie, eine Frage des Glaubens und des gesellschaftlichen Konsens[76], wie hinreichend die Erklärung oder zumindest die Darstellung gesellschaftlicher Prozesse unter der Annahme individueller Nutzenmaximierung ist, auch wenn aufgrund der oben genannten Punkte erhöhte Vorsicht geboten ist. Wie dargestellt wurde, will der Utilitarismus (und auch die neuen Ansätze) unter der Wahrung einer relativen Autonomie des Individuums staatliches Handeln anleiten. Der normative Anspruch „das größte Glück der größten Zahl" durch staatliches Handeln zu erreichen, bereitet Probleme auf institutioneller und ethischer Ebene.

Konkret ist für ersteres die Frage zu beantworten, mit welchem (politischen) System der (sozialen) Entscheidungsfindung eine solche normative Anforderung an Regierungshandeln vereinbar ist. Nicht geeignet scheint das Mehrheitsprinzip. Wie KENNETH ARROW (1963) mit seinem *Unmöglichkeitstheorem* bewiesen hat[77], ist es in vielen Situationen, in denen Gruppen oder Individuen für einen Satz Alternativen unterschiedliche Präferenzordnungen haben, nicht möglich, eine Alternative zu finden in der sich keine Koalitionen bilden lässt, die eine andere Alternative vorziehen würde.[78] Bedenkt man, dass es eine derart direkte Mehrheitsfindung im politischen System häufig nicht gibt, scheint das Problem abgemildert. Regierungshandeln wird (theoretisch) in bestimmten Abständen in Wahlen evaluiert. Wäre die individuelle Glücksbilanz für die Vergabe der Stimme entscheidend, würde politisches Handeln im Sinne einer Stimmenmaximierung versuchen, das Glück der Mehrheit anzuheben. Dies stimmt aber nicht zwingend mit der größten Summe des Glücks überein.[79]

Als Lösung bleibt bei ARROW nur der wohlwollende Diktator. Bei konkreten Abstimmungsprozeduren würden „diktatorische Elemente" (KUBON-GILKE 2004: 11) eingeführt,

---

[76] Diesen Konsens darf man sich nicht als harmonischen Ausgleich der Interessen vorstellen. Er entsteht als Diskurs mit inneren Machtverhältnissen, historischen und kontextspezifischen Eigenheiten fortwährend neu.

[77] Für eine Darstellung und Diskussion des Theorems siehe KUBON-GILKE (2004) und NG (2004: 92ff), der auch eine „90% Lösung" entwirft.

[78] In der Industrieökonomik wird ein ähnlich gelagertes Problem bei der Preisfindung unter dem *Theorem des leeren Kerns* behandelt. Vgl. für eine Darstellung der industrieökonomischen Interpretation sowie einer kurzen Geschichte der Anwendung des Kern-Theorems in der Ökonomie TELSER (1996).

[79] Die Übereinstimmung einer Erhöhung des Glücks der Mehrheit mit der Erhöhung der größten Summe des Glücks wird umso wahrscheinlicher, wenn die Mehrheit niedrige Glücksniveaus hat, die sich wegen der abnehmenden Grenzerträge leichter heben lassen.

um zu Mehrheiten zu kommen. Die Lösung durch Diktatur ist im weiten Sinne zu verstehen, denn auch demokratisch legitimierte und parlamentarische Regierungssysteme treffen ja die meisten Entscheidungen ohne direkte Rückkopplung auf die Mehrheit der Menschen. Um die benthamschen Anforderungen zu erfüllen, müssten aber auch solche Regierungen zumindest „wohlwollend" motiviert sein, was FREY anzweifelt:

> "Deriving optimal policies by maximizing a social welfare function only makes sense if the government has an incentive to put the optimal policies into reality. This is only the case if a »benevolent dictator« government is assumed […]. From introspection as well as from empirical analyses in Political Economy […], we know that governments are not benevolent and do not follow the wishes of the population, even in well-functioning democracies, not to mention authoritarian and dictatorial governments. Hence, to maximize social welfare corresponds to a 'technocratic-elitist' procedure neglecting the crucial incentive aspect" (FREY 2000b: 11).

Wenn es also für die Maximierung einer wie immer bestimmten sozialen Wohlfahrt keine Lösung als die der wohlwollenden Regierung mit „diktatorischen" Elementen gibt, diese aber praktisch nicht existent ist, gibt es keine Maximierung. Eine andere Lösung könnten konsensorientierte Diskurse sein. Um zu einer solchen Lösung zu kommen ist allerdings eine genauere Betrachtung der zu den Ergebnissen führenden Prozesse notwendig. Implikationen eines solchen Perspektivwechsels werden im Abschnitt 6.4 erläutert.

Die ethischen Probleme sind die Folgenden: Die „Grundforderung der utilitaristischen Ethik […], nach der Handlungskonsequenzen ausschließlich nach den Wertmaßstäben der von ihnen betroffenen Individuen zu beurteilen sind" (GÄHDE 1992: 84) wurde so interpretiert, dass sie „die Interessen zukünftiger Generationen nicht adäquat berücksichtigen" (ebd.) kann. Am schwierigsten sind die Implikationen des Prinzips, wenn es um die Schaffung und Erhaltung von Leben geht.[80] Zudem ist das Prinzip mit einem Gerechtigkeitsproblem konfrontiert, dem sich die Neoklassik durch das Pareto-Kriterium entzogen hat: LAYARD (2005a: 139) weist auf die Ungerechtigkeit hin, die resultiert, wenn „politische Entscheidungen […] die zufriedenere Person zufriedener und die weniger zufriedene noch weniger zufrieden machen". Eine solche (ungerechte) Entscheidung wäre durch das Summationsprinzip geschützt. GÄHDE (1992: 84) beschreibt einen anderen hypothetischen Fall, der ebenfalls dem Prinzip entspricht: es könne „die Bestrafung Unschuldiger verlangen, sofern dies nur den (kollektiven) Gesamtnutzen der Gemeinschaft erhöht". Nach LAYARD (2005a: 134ff) lassen sich die Widersprüche zwischen dem Prinzip des größten Glücks auf

---

[80] Vgl. die „Praktische Ethik" von PETER SINGER (1994) und LAYARD (2005a: ANHANG 8.2).

der einen Seite und Gerechtigkeitsvorstellungen und Grundrechten auf der anderen Seite auflösen, worin es aber keinen Konsens gibt.[81]

5.2 Das Wesen des Glücks

Nach der kritischen Betrachtung der Maximierung des Glücks aus Sicht der Subjekte folgt nun die Schilderung der Vorbehalte gegenüber der Maximierbarkeit des Objektes[82]. Dabei werden zunächst Aspekte des Glücks untersucht, deren Vereinbarkeit mit der Maximierungshypothese nicht sofort ersichtlich ist, um dann tatsächliche Widersprüche zwischen „Maximierung" und „Glück" darzustellen.

a) lösbare Widersprüche der Maximierung von Glück

Man könnte im Gegensatz zur Annahme stetig positiven, jedoch abnehmenden Grenznutzens den Umstand ernst nehmen, dass es ein „Zuviel" gibt - zu viele Reize, zu viel Bequemlichkeit. Dies erhöht zwar die mathematische Komplexität und die einfache Annahme, dass mehr immer besser ist, ermöglicht gleichwohl weiter die Bestimmung eines Maximums. Ebenso in der ökonomischen Theorie enthalten ist die Berücksichtigung einer unvollständigen Substituierbarkeit, die die Existenz unersetzlicher Bestandteile des Glücks abbilden kann.

Weiterhin wird kritisiert, dass sowohl Güter als auch andere Einflüsse des Wohlbefindens in ihrer Wirkung vielfältig und unterschiedlich sind. Essen z.B. unterscheidet sich in seinem Nährwert und seinem Geschmack. Nur weil sich Menschen für ein bestimmtes Menü entscheiden, ist noch nicht gesagt, dass sie in dem Glauben sind, dies sei die beste Entscheidung. Gelöst wird dieses Problem, in dem sie die Entscheidung als heuristisches Instrument als solche annimmt und hat Instrumente entwickelt, mit der sich die große Heterogenität der Güter analytisch reduzieren lässt.[83]

Eine andere Schwierigkeit in der Beurteilungen von Handlungen als maximierend liegt darin, dass es durch die Erweiterung von Faktoren schwerer wird, auseinander zu halten,

---

[81] Für eine weiterführende Diskussion siehe unter anderen die Aufsätze in SEN/WILLIAMS (1982) und die Literatur, die GÄHDE (1992) in den Fußnoten 3-6 angibt.

[82] „Objekt" ist hier im grammatikalischem Sinne zu verstehen. In diesem Abschnitt wird die Diskussion der These „Der Mensch maximiert sein Glück" darüber geführt, dass das Prädikat „maximiert" ein zweifelhaftes Subjekt, den maximierenden Menschen, und ein fragwürdiges Objekt, das maximierte Glück, konstruiert.

[83] Man denke hier an die Konzepte zur Bestimmung des relevanten Marktes wie z.B. Substitutionslücken oder Kreuzpreiselastizitäten.

ob eine Handlung Glück verursachen soll oder die Voraussetzungen für späteres Glück schaffen soll. Momentan irrational wirkendes Verhalten kann, als Investition beschrieben, sehr rational sein. Mit den Techniken intertemporaler Optimierung bietet die Ökonomie auch hier Instrumente zum Verständnis an. Die im Punkt 6.3 dargestellten Überlegungen schließen an diese Idee an.

b) hedonistische Paradoxa

Mit dem Glücksbegriff wurden verstärkt nichtmaterielle Faktoren berücksichtigt. Die Frage ist, inwieweit diese disponibel sind und sich derart akkumulieren lassen, dass das Grenznutzenverhältnis dem Verhältnis der Preise entspricht. Auch dieses Problem scheint zuerst lösbar. Rufen wir uns in Erinnerung, dass gerade Freundschaften und soziale Beziehungen wichtig für das Glück sind. Wie erläutert wurde, sind Freundschaften durch das besondere Prinzip des Geschenks und durch Ketten reziproker Akte gekennzeichnet. Allerdings lässt sich eben auch das Geschenk als rationaler Akt (auch wenn die Logik der Summe von Kosten und Ertrag verwendet wird) beschreiben und die Ketten der Reziprozität mit langfristigen Auszahlungen vergleichen. Die Bezeichnung „Wert der Bindung" impliziert einen messbaren Wert, mit dem man kalkulieren kann. Wie zerstörerisch die Wirkung dieser „manipulatorischen Logik" auf Freundschaften ist, ist nicht pauschal zu bestimmen. Vielleicht darf nicht das Gefühl vorherrschen, der Gegenüber berechne bei jeder Hilfeleistung die Wahrscheinlichkeit einer Rückzahlung und steige aus, wenn es „ernst" wird. Das heißt aber nicht, dass die Aufnahme und Pflege von Freundschaften nicht von Erwägungen begleitet wird, die prüfen, welche Wirkung diese Beziehungen auf das eigene Wohlbefinden haben.

Wie zufrieden jemand mit seinen sozialen Beziehungen ist, wird aber im Wesentlichen durch das Verhalten der anderen bestimmt, die wiederum sein Handeln evaluieren. Das ist der wesentliche Unterschied zu materiellen Gütern, die keine Haltung zum Besitzer entwickeln können. Wenn die anderen meinen Ich-Bezug der Glücksmaximierung nicht schätzen, liegt genau darin eine Grenze der Maximierung meines Glücks, denn nur wenn ich nicht maximiere bzw. dieses Verhalten verstecken kann, wird mein Glück maximiert. Dieses Paradox gibt es nicht nur auf sozialer Ebene sondern auch auf der individuellen: „Die Stärke einer Empfindung kann dadurch beeinflusst werden, dass man sie reflektiert [...]. Die ständige Suche nach der Maximierung von Lust kann dazu führen, dass [...] die tatsächliche Lustempfindung geschwächt wird" (GÄHDE 1992: 106). Auch JOHN STUART MILL glaubt Glück würde „by the way" (MILL zitiert nach LANE 1999: 116) zu erreichen sein. LANE (1999: 116), der *Happiness* nur als eines von drei Kriterien für die *Qualität des Lebens* ansieht, rät deshalb: „[S]eek justice and you will be happier than if you pursue happiness".

c) Glück aus sozialen Beziehungen und der Begriff „Pflicht"

Es lohnt noch einmal auf die sozialen Beziehungen und ihre Wirkung auf das Glück zurückzukommen, um das Paradox genauer zu beleuchten und einen weiteren Vorbehalt gegenüber der Maximierbarkeit von Glück zu entwickeln.

Wann kann jemand sagen, er gehöre zu einer Gemeinschaft?

> „Moralische Einschränkungen der individuellen Handlungsautonomie und die Ausbildung normativer Verpflichtungen stellen die letztendliche Basis gesellschaftlicher Integration dar, nicht jedoch physische Sanktionen oder kalkulierendes Handeln, wenngleich beide empirisch nicht abwesend sind" (BECKERT 1997: 203).[84]

Wenn Glück aus der Einbindung in den gesellschaftlichen Kontext resultiert, dann resultiert es gerade aus der Aufgabe der Maximierung in einem bestimmten Umfang zugunsten des Handelns aus Pflicht[85]. Die positive Wahrnehmung von Rollen entspricht der Übernahme von Pflichten.[86] Dabei gilt: „Grundsätzlich weisen eigener Nutzen und moralische Pflicht in entgegen gesetzte Richtungen" (BAUMANN 2000: 183).

Um den Maximierungsgedanken zu retten, könnte man einwenden, die Menschen wählten ihre Rollen so, dass die Pflichten ihren Neigungen am nächsten kommen[87] bzw. sie lassen sich nur auf Rollen ein, die einen höheren Glücksgewinn durch die Zugehörigkeit zu der Gruppe versprechen, als ihnen die Pflichten abverlangen. Dieser Einwand kann aus drei Gründen nicht gelten: erstens muss die Geschichte des Einzelnen betrachtet werden. Kinder lernen bereits in der Familie, „wie seine durch Lust/Unlust kontrollierten Handlungsmotive in Rollenverpflichtungen umgearbeitet werden" (DÖBERT 1980: 22). Zweitens funktionieren Rollen auch durch Zuschreibung, denen man sich nicht ohne weiteres entzie-

---

[84] BECKERT gibt hier die Theorie PARSONS' (1937) wieder.

[85] *Handeln aus Pflicht* unterscheidet sich vom *pflichtgemäßen Handeln* durch die Motivation. Ersteres entspricht einem positiven inneren Verhältnis zur Pflicht während letzteres eher eine Reaktion auf äußeren Druck darstellt. Vgl. FORSCHNER (1997: 230), SCHWEMMER (o.J.: 111) und DÖBERT (1980: 25).

[86] Vgl. FORSCHNER (1997: 228): „Heute spricht man von Pflichten im Sinne verbindlicher Aufgaben, die mit der spezifischen Funktion einer Person in einer Gruppe oder Gesellschaft verbunden sind".

[87] In Fußnote 14 wurde bereits auf die Idee von MIRRLEES (1982: 66) verwiesen.

hen kann. Drittens ist das Übernehmen einer Rolle und deren Verinnerlichung eine schwierige Angelegenheit und der Wechsel mit einigen Hürden belegt.[88]

Auch wenn das Handeln aus Pflicht im Ergebnis möglicherweise das subjektive Wohlbefinden erhöht, ist es nicht durch die Maximierung des Glücks motiviert. Die Motivation ist Achtung sich selbst gegenüber und die Achtung gegenüber anderen, die miteinander in wechselseitiger Beziehung stehen:

> „Die Eigenart moralischer Verpflichtung kommt ferner zum Vorschein im Gefühl der Achtung, das wir dem moralischen Gesetz und dem Handeln nach dem Gesetz entgegenbringen. Bedürfnisse und ihre Befriedigung sind nicht Gegenstand der Achtung, ebenso wenig wie ein Handeln nach Klugheitsmaximen im Dienste eines vernünftigen Lebensgenusses. Achtung empfinden wir vorzüglich einer Person gegenüber, die um der Pflicht willen im Konfliktfall auch gegen ihre Neigungen zu handeln vermag" (FORSCHNER 1997:229).

> „Dieses Gefühl [der Achtung] entspringt einem tiefen Sinn der Gemeinsamkeit mit anderen Menschen, einem Gefühl, dass wir sie so behandeln sollten, wie wir selbst behandelt werden wollen" (LAYARD 2005a: 115).

Der Gedanke der Achtung impliziert nicht die Strukturierung durch äußere Mächte sondern geht einher mit dem Gedanken der Autonomie bei KANT. „Grund der Verpflichtung ist somit die »Persönlichkeit« als vernünftiges freies Wesen" (FORSCHNER 1997: 229).

Die Regulierung des Handelns aus Pflicht geschieht definitionsgemäß *im* Menschen. H. L. A. HART (1968: 323) sieht Gefühle von Scham und Schuld als innere „Reminder" an die Erfüllung der Pflichten. Die Schuld entsteht ohne dass explizit die Gegenleistung eines Tausches offen wäre. Anders als in der Logik des Tausches wird hier keine Wahl getroffen, moralische Pflichten können nicht Gegenstand von Kalkulationen sein.

---

[88] Ökonomisch könnte man mit hohen Eintrittskosten argumentieren. Für eine Auflistung der Schwierigkeiten im Einzelnen siehe SYGNECKA (2004: 10f).

6 Ökonomie und Glück – ein Perspektivenwechsel

Bevor aus der Verwendung des subjektiven Wohlbefindens anstelle des Nutzens einerseits und aus der Kritik am Maximierungspostulat andererseits Schlüsse gezogen werden, sollen die bisher für sich ausgearbeiteten Konzepte zusammengefasst und gegenüber gestellt werden.

6.1 Zwischenfazit

Wie gezeigt wurde, schließt der Nutzenbegriff nicht nahtlos an den benthamschen Hedonismus an, auch wenn es Ähnlichkeiten gibt. Die neueren Studien zum subjektiven Wohlbefinden nehmen nicht einfach nur den Faden des Utilitarismus wieder auf. Es ist also festzuhalten, dass neben *Glück* und *Nutzen* auch das *subjektive Wohlbefinden* ein abzugrenzender Begriff ist.

In der untenstehenden Tabelle sind die wesentlichen Punkte einer solchen Abgrenzung zusammengefasst. In den ersten drei Kriterien wird noch einmal die Nähe des Utilitarismus zum Nutzenbegriff dargestellt, wobei die dunkel unterlegten Felder eine starke Ähnlichkeit, die hell unterlegten eine schwache und die nicht unterlegten Felder keine oder eine sehr geringe Ähnlichkeit ausweisen. Im zweiten Teil der Tabelle sind die Punkte aufgeführt, die eine Verbindung vom Utilitarismus zum Begriff des subjektiven Wohlbefindens herstellen. Abschließend sind Aspekte der Konzeptionen von *Happiness*, Nutzen und subjektivem Wohlbefinden zusammengefasst, die sich nicht überschneiden und so die Eigenständigkeit der Konzepte sichern.

	Happiness im Utilitarismus	Nutzen in der Neoklassik	subjektives Wohl-befinden heute
Maximierung als Prinzip	ja, ethische Kategorie	ja, positiver Charakter, Tautologie	konkrete Vorbehalte
methodologischer Individualismus	hoch, aber drei Stufen der Einflussnahme	sehr hoch, aber Annahmen und Ausnahmen	vorhanden, aber Beachtung sozialer Einbettung
Bedeutung von Aktivität	schwach, Glück kommt aus Ereignissen, die man sich aussuchen kann	sehr schwach, mechanistische Reaktion auf Preise, abhängig vom Angebot	hoch, da Glück auch aus der Aktivität selbst entspringt
Aggregation	wird postuliert, Kriterien werden vorgeschlagen	sehr problematisch	eingeschränkt möglich (Anteile, Durchschnitte)
Konzeption von Irrationalität	ja, soll durch „Ontology" ausgeglichen werden	fast unmöglich, Rationalität wird unterstellt	Verarbeitung konkreter Hinweise aus Psychologie
Normativität	explizit	implizit	Glück als Integral
betrachtete Handlungen	breit angelegt, weitestgehend aber Thesen	Tendenz zum Materialismus, ist aber nicht zwingend	sehr breit, schwer eindeutig zu identifizieren
innere Theorie	einfache Psychologie, Thesen	keine Theorie von der Entstehung des Nutzens, Behaviorismus	verschiedene, empirisch überprüfbare Ansätze, prospect theory
gesellschaftliche Hintergründe	Bentham im Mittelstand verwurzelt, Korruption	Systemkampf mit Sozialismus, Prosperität	Überfluss- und Überbewertungsthese
wissenschaftliche Hintergründe	juristisch verankert	Formalisierung, Konsolidierung	neue Daten und Auswertungsmethoden
Stellung der Ökonomie	keine explizite Stellung	Isolation, homo oeconomicus	Bezug zur gesellschaftlichen Umwelt herstellbar

Tabelle 1: Begriffskonzeptionen in der Gegenüberstellung

6.2 Glück und ökonomisches Handeln

Ökonomisches Handeln kann durch seinen Gegenstand, seine Funktion oder sein Programm beschrieben werden. Der Gegenstand, so GARY S. BECKER, werde häufig unnötig auf materielle Güter beschränkt. Die Definition über deren Funktion, die „Allokation knapper Mittel zur Verfolgung konkurrierender Ziele" (BECKER 1993: 2), sei zwar die weiteste, verdecke aber das spezifisch Ökonomische. Teil dessen sei das Programm, gedacht als innere Funktionsweise der Ökonomie, nämlich die Koordination von Angebot und Nachfrage auf *Märkten*. Erst die Annahme der *nutzenmaximierenden Individuen* und die Existenz relativ *stabiler Präferenzen* beschreiben, so BECKER, den „ökonomischen Ansatz" vollständig. Letztere bezögen sich auf „grundlegende Aspekte des Lebens wie Gesundheit, Prestige, Sinnesfreude, Wohlwollen oder Neid" und stehen nicht immer „in festen Relationen zu Marktgütern und -leistungen" (BECKER 1993: 4).

Möglicherweise muss diese Charakterisierung des Ökonomischen überdacht werden, wenn man als „grundlegenden Aspekt des Lebens" die Erreichung eines hohen Zustandes subjektiven Wohlbefindens sieht. Tausch, Vertrag und Markt wurden als Mechanismen beschrieben, die für die Erreichung dessen ungenügend sind, weil wesentliche Quellen des Glücks mit diesen Mechanismen nicht kompatibel sind und die Mechanismen selbst negative Wirkungen auf das Wohlbefinden haben können. Da Menschen ihr Glück in der Gemeinschaft verwirklichen, ist es allein aus der individuellen Perspektive nicht zu fassen.

> „Dabei zeigt sich, dass auch die orthodoxe Theorietradition zumindest als Ordnungstheorie immer normative Elemente mit anführte, die die sozialverträgliche Koordination des Handelns nutzenmaximierender Individuen plausibel machen sollten. […] Die orthodoxe Wirtschaftstheorie operiert auf der Basis von zu eng definierten Konzepten, um die konkreten ökonomischen Tatbestände in ihrer empirischen Mannigfaltigkeit zu erfassen" (BECKERT 1997: 208).

Allerdings droht die Ökonomie durch die Füllung des Begriffes „Nutzen" mit dem Inhalt „subjektives Wohlbefinden" ihre Grenzen und ihre kennzeichnende Logik zu verlieren. Diese bestand eben aus dem Koordinierungsmechanismus Markt und dem Prinzip der Nutzenmaximierung des Individuums mit nur diesem bekannten stabilen Präferenzen. Ich schlage vor, als glücksbasierte Ökonomie die Auseinandersetzung mit jenen Fragen zu bezeichnen, die die Wirkungen des Allokationsprozesses von Produktionsmitteln, des Produktionsprozesses selbst und der Distribution von materiellen Gütern auf das Glück einer Gesellschaft untersuchen. Darin eingeschlossen wären folgende Punkte:

- Wiegen die Vorteile aus der höheren Befriedigung von Bedürfnissen mit produzierten Gütern die möglichen Nachteile auf, die durch den Wettbewerbsdruck auf den Faktormärkten und den Angebotsdruck auf den Konsumgütermärkten entstehen? Damit könnte die Beweislast in der öffentlichen Diskussion umgekehrt werden: der Markt müsste sein Funktionieren erst beweisen und nicht umgedreht staatliches Handeln erst ein Versagen des Marktes attestieren.

- Welcher Verteilungsmechanismus ist in Hinblick auf eine glückliche Gesellschaft optimal?

- Welche Anforderungen stellt eine Produktion an die Menschen, deren Effizienz den geldmäßigen Aufwand für eine gegebene Menge minimiert? Welche Kostensenkungen sind wohlfahrtseffizient im Sinne eines optimalen subjektiven Wohlbefindens und wie, institutionell und systematisch, könnte ein Wohlfahrtsmaximum erreicht werden?

- Wie kann die Wirkung internationaler Allokations- und Produktionsprozesse auf die aggregierten Wohlfahrten in den betroffenen Volkswirtschaften erfasst und eventuell verbessert werden?

Die Fragestellungen zeigen, dass trotz der Beschränkung auf einen bestimmten Gegenstand, nämlich den der Produktion, ein integrativer Ansatz erforderlich ist. Schwierigkeiten entstehen dadurch, dass die Interpretation der Wirkung der Determinanten des Glücks mit dem subjektiven Wohlbefinden einigen Spielraum erlaubt. Der öffnet sich durch die anspruchsvolle Verbindung zwischen einem empirischen Zusammenhang und einer tatsächlichen Wirkung. Die ständig notwendige Evaluation des Wohlbefindens könnte zu opportunistischem Antwortverhalten und hohen Kosten führen. Zudem bestehen die oben beschrieben Schwierigkeiten der Entscheidungsebene „Regierung".

Im Verlauf der Arbeit wurde wiederholt auf die Wichtigkeit des Prozesses für das Wohlbefinden verwiesen. Produktion ist ein Prozess, der nicht nur durch sein Ergebnis charakterisiert wird, sondern auch durch die innere Struktur mit eigenem Wert. Zudem wirkt die Struktur durchaus auf das Wohlbefinden der Menschen, ohne dass sie durch diese beeinflusst werden kann. Wie kann die Produktion als Prozess in die volkswirtschaftliche Fragestellung nach Wohlfahrt, hier als größte Summe des geäußerten subjektiven Wohlbefindens verstanden, integriert werden?

6.3 Produktion

Die Mikroökonomie hat mit der Theorie des Haushaltes und der Theorie der Firma eine Zweiteilung vorgenommen. Haushalte bieten ihre Arbeitskraft an, investieren indem sie sparen und fragen die Ergebnisse der Produktion nach. Damit haben sie scheinbar mit der Produktion selbst nicht viel zu tun. Es ist die Firma, die die Produktionsmittel Kapital und Arbeit effizient kombinieren muss.

> „Der Begriff der Produktion umfasst sowohl die Herstellung von Gütern im engeren Sinn als auch Handel und Dienstleistungen [...]. Aus den Überlegungen ausgeklammert werden sollen Produktionsvorgänge im Haushalt [...]. Damit können wir Unternehmen auch als Institutionen der räumlich und organisatorisch ausgelagerten »Haushaltsproduktion« verstehen. [...] Die Existenz von Firmen leitet sich aus der Tatsache ab, dass diese Güter – gleiche Qualität vorausgesetzt – zu geringeren Kosten herstellen können als private Haushalte. Unter Produktion verstehen wir die technische Transformation von Inputgütern in Outputgüter" (SCHÖLER 1999: 61).

6.3.1 Glück und die Produktion der Firma

Zwei exemplarische Fragestellungen deuten an, wie der Beitrag von Firmen an der gesellschaftlichen Wohlfahrt durch eine Verwendung des Glücks an Stelle des Nutzenbegriffs neu beurteilt werden kann:

Erstens kann geprüft werden, ob die Abläufe der Produktion effiziente intrinsische Belohnung bieten. Dabei müssen die Elastizitäten die Substitution intrinsischer und extrinsischer (also u.a. monetärer) Belohnung ermittelt werden. Wenn es stimmt, dass Individuen ihr Arbeitsangebot nach der Entlohnung ausrichten (bzw. hier nach dem Glück, dass sie aus der Entlohnung schöpfen können), kann bei entsprechenden Elastizitäten[89] gefragt werden, ob bei einem - an der Grenzproduktivität ausgerichtetem[90] - Lohnniveau die Zusammensetzung der Entlohnung effizient ist. Effizient hieße in diesem Sinne, dass die Produktionsprozesse so gestaltet sind, dass intrinsische Belohnung eine Senkung der Bezahlung in Geld erlaubt, deren marginaler Beitrag der marginalen Erhöhung an anderen Kapitalkosten entspricht.

---

[89] Entsprechende Elastizität auf der Seite der Anbieter von Arbeit ist die tatsächliche Substituierbarkeit extrinsischer und intrinsischer Belohnung. Auf der Nachfragerseite besteht sie darin, dass aus höherer extrinsischer Belohung höhere Prozesskosten (abzüglich Lohnkosten) resultieren.

[90] Man könnte sagen, bei gegebenem Lohnniveau, allerdings ist die Rückkopplung der Art der Entlohnung auf die Produktivität zu beachten.

Eine andere volkswirtschaftliche Frage wäre zweitens, ob durch Preissenkung, die durch geringere Lohnkosten bei Personalreduzierung bzw. der Arbeitsteilung entstehen, mehr subjektives Wohlbefinden bei den Konsumenten gestiftet wird, als durch die Arbeitslosigkeit bzw. der möglichen Absenkung der intrinsischen Belohnung der Beschäftigten vernichtet wird. Dies ist im Rahmen der klassischen Wirtschaftstheorie eine schwierige Frage, da dort Arbeitslosigkeit per Annahme ausgeschlossen wird und Arbeit auf entgangene Freizeit reduziert wird.

6.3.2 Seines Glückes Schmied sein – Produktion im Haushalt

Die Haushalte können zusätzlich zu ihrem Arbeitsangebot selbst als Produzenten in die Betrachtung der Produktion aus der Perspektive einer glücksbasierten Ökonomie eingehen. Dabei ist die Vorstellung aufzugeben, die Haushalte würden direkt aus dem Konsum von Gütern Nutzen schöpfen, mithin ihr Mangelempfinden reduzieren. Zwei weitere wesentliche Faktoren sind notwendig: erstens die Fähigkeit und das Wissen, die Güter so zu wählen und zu kombinieren, dass sie den empfundenen Mangel reduzieren (in der Nutzentheorie) bzw. das subjektive Wohlbefinden nachhaltig heben; zweitens die Zeit, dies zu tun. Versteht man letzteres als Arbeit und ersteres als Technik der Transformation so können Hauhalte über die Erstellung von kleineren Gütern (z.B. Kuchen backen) oder Dienstleistungen (z.B. die Reparatur eines kleineren Defekts) hinaus als produktiv im ursprünglichen Sinne ADAM SMITHS betrachtet werden: jeder ist seines Glückes Schmied.

Aus dieser Sichtweise lässt sich die Bedeutung von Konsumgütern als ein Faktor unter mehreren relativieren. Er lässt sich, wenngleich nicht vollständig, substituieren, hat womöglich geringe Grenzproduktivitäten und erst die Kombination der Güter schafft einen Mehrwert – nämlich im Idealfall ein zusätzliches Wohlbefinden. Da dieses Wohlbefinden an die Person gebunden ist, kann die Produktion oft nicht oder nicht vollständig über den Markt an Firmen vergeben werden. Haushaltsproduktion würde dann nicht nur stattfinden, wenn Firmen kostengünstiger produzieren, sondern weil sie eines persönlichen Interaktionskontextes[91] bedürfen, um ihr Produkt, das subjektive Wohlbefinden, zu generieren. Dieser Ansatz hebt die aktive Komponente des Glücks hervor, wie sie die mechanistisch-passive Wahl nach Preisen nicht enthält.

Formalanalytisch haben GARY S. BECKER mit ROBERT T. MICHAEL diesen Ansatz dargestellt. Demnach ist der Nutzen eine Funktion von Zwischenprodukten, die der Haushalt

---

[91] Für die Unterscheidung persönlicher und unpersönlicher Beziehungen vgl. BAUMANN (2000: 132ff).

erstellt (vgl. BECKER/MICHAEL 1993). Als Restriktion der Nutzenmaximierung greift eine Funktion des Gesamteinkommens, das eine Kombination der Zeitrestriktion und der Einkommensrestriktion aus Erwerbsarbeit darstellt. Die Zwischenprodukte sind die Objekte der relativ stabilen Präferenzen, bzw. die grundlegenden Aspekte des Lebens. Die Autoren stellen sich explizit in die Tradition BENTHAMS, dessen unbestimmte Liste der *Freuden*, wie die Übersetzung in diesem Fall lautet, mit den Argumenten der Nutzenfunktion gleichgesetzt wird (vgl. ebd.: 152). BECKER/MICHAELS Liste mündet über einen allerdings nicht näher spezifizierten Zusammenhang in einer einzigen Größe, die dann als *das eine Ziel* des subjektiven Wohlbefindens gesehen werden könnte. Die Aufzählung ist aber kein Versuch, den Nutzenbegriff mit Inhalt zu füllen, denn sie bleibt intuitiv und hat Beispielcharakter. Es wird dem Rückschluss vom Verhalten auf die Präferenzen vertraut und so die Fehler des Individuums bei der Nutzenmaximierung als marginal angesehen.[92] Im Hinblick auf die geschilderten Probleme eines solchen Rückschlusses bleibt dieser Ansatz deshalb hinter den empirisch fundierten Ansätzen der Theorie des subjektiven Wohlbefindens zurück.

Eine Gruppe von Psychologen um JOHAN ORMEL nehmen den Ansatz auf: „Economics takes tradeoffs very seriously and thus provide a heuristic to understand behavior. But it leaves needs, or fundamental human goals unspecified" (ORMEL ET AL. 1999: 62). Diese Lücke könne die Psychologie schließen. „In sum the strong points of economic theory are the attention to production as well as consumption, and the recognition of substitution (or elastic demand) once the most pressing physiological and safety needs are achieved" (ebd.: 66). Die Substitution von Mitteln als Reaktion auf Nichtverfügbarkeit von Ressourcen[93] (wird hier als Restriktion bezeichnet) hat ihre Grenzen in der Erfahrungswelt und der Verfügbarkeit von Fähigkeiten und anderen Ressourcen, auf die man ausweichen könnte: „At a given time, preferred ways of producing well-being stem from both perceived current ressources and also personal history of which production functions have been most and least successfull to date" (ebd.: 73).

---

[92] BECKER nimmt allerdings eine stochastisch fundierte „Radikalisierung der Preistheorie" (PIES 1998: 10) vor, in der sich bei einer relativen Preiserhöhung selbst bei irrationalem Verhalten ein Nachfragerückgang ergibt. Preise sind dabei nicht nur Geldbeträge sondern als Schattenpreise zu verstehen. Vgl. für eine ausführliche Darstellung PIES (1998: 8ff) und für eine Zusammenfassung SYGNECKA (2005: 5).

[93] Vgl. LANE (1999 : 105) für die Gründe der Substitution: "[A]s historical and social circumstances change, the power of various available goods (e.g., income, companionship, work satisfaction) to yield satisfaction will change with the changes in the supply of each good (as well as with changing taste).

Subjektives Wohlbefinden, so die Autoren, bestehe aus psychischem und sozialem Wohl-befinden. Zur Erreichung persönlichen Glücks stehen fünf zum Teil substituierbare Mittel erster Ordnung bzw. *Instrumental Goals*[94] zur Verfügung: Erregung, Behaglichkeit, Status, Bestätigung und Zuneigung. Diese können über Aktivitäten und Besitztümer, den Produk-tionsmitteln[95] zweiter Ordnung, erreicht werden. Um diese Aktivitäten ausführen zu kön-nen bzw. um in den Besitz dieser zu kommen, bedarf es bestimmter Fähigkeiten und Zeit, die als Produktionsmittel dritter Ordnung bezeichnet werden. Die Produktionsmittel vierter Ordnung sind latente Ressourcen, die sich aus der bisherigen Lebensgeschichte und den gemachten Erfahrungen ableiten. Diese können zur Erstellung der Mittel dritter und zwei-ter Ordnung beitragen. Bestimmte Handlungen können dann als direkter Versuch, das sub-jektive Wohlbefinden über eine der fünf instrumentellen Ziele zu steigern, oder als indirek-ter Beitrag, eines der Produktionsmittel dritter Ordnung zu mehren, gesehen werden. Damit grenzen sich die Autoren von Konzepten hierarchischer Präferenzen, wie der viel zitierten Bedürfnispyramide von ABRAHAM MASLOW (1970), ab.[96] An dieser Herangehensweise wird deutlich, wie – unter Beibehaltung eines methodologischen Individualismus – die nichtindividuellen Begründungen in Form von Ressourcen und Restriktionen umfangrei-cher abgebildet werden können.

STUTZER (2003: 31) stellt dem Konzept der „Sozialen Produktionsfunktion", die BECKERS Haushaltsproduktionsfunktion um die explizite Definition universeller und instrumenteller Ziele erweitert, die Unterscheidung von Fluss- und Bestandsgrößen des Wohlbefindens gegenüber. Die Unterscheidung geht auf HEADEY/WEARING (1992) zurück, wobei die Flussgrößen sich aus den Lebensereignissen in einem bestimmten Zeitabschnitt ergeben. Damit ist schon angedeutet, dass nicht nur das Ergebnis als Resultat zu einem Zeitpunkt,

---

[94] ZINN (1999: 130) bezeichnet Mittel erster Ordnung als *Hilfsbedürfnisse*, deren Befriedigung Menschen auch nachgehen, wenn es bezüglich des eigentlichen Zweckes nicht notwendig wäre.

[95] ORMEL ET AL. (1999: 68) gehen von monoton steigenden Produktionsfunktionen mit abnehmendem Grenzprodukt aus und vernachlässigen damit die Möglichkeit, dass zusätzliche Einheiten negativ auf das Wohlbefinden wirken können, wie zum Beispiel zu lang anhaltende oder zu intensive Erregung. Vom in Grenzen rational wählendem Individuum ausgehend, scheint diese Vernachlässigung insofern unproblema-tisch, da niemand nennenswerten Aufwand betreiben wird, mehr zu produzieren wenn der Ertrag nahe null geht, geschweige dann wenn er negativ ist. Die Identifizierung irrationalen Verhaltens wird durch diese An-nahme aber erschwert.

[96] Vgl. auch LANE (2000: 308): „Rather a non-Maslovian process is at work. As people make progress toward solving personality problems they give up their compensatory striving for money and prestige and shift their attention to goals with greater capacities for longer term hedonic yields".

sondern auch die Teilhabe an dem Ereignis selbst Glück stiftet. Der Psychologen MIHALY CSIKSZENTMIHAIYI (2005) hat den Begriff *Flow* geprägt, um Ereignisse zu beschreiben, die ihr Potential zum Wohlbefinden des Menschen beizutragen, im Verlauf und nicht im Ergebnis tragen: „Das größte Glück kommt aus der Vertiefung in Beschäftigungen, die uns über uns selbst hinausführen" (LAYARD 2005a: 89). Die mikroökonomische Theorie hat für solcherlei Vertiefung die Freizeit reserviert, die hier als erweiterte Produktion interpretiert wurde. Es lohnt sich also zu fragen, ob und wie der (Produktions)prozess zum subjektiven Wohlbefinden beiträgt.

6.4 Prozessorientierung

Definitionen zum Prozess findet man weniger in der volkswirtschaftlichen oder soziologischen sondern eher in der betriebswirtschaftlichen Literatur, wo der Prozess des Wirtschaftens durch die Strukturen Arbeitsteilung, Spezialisierung und demzufolge durch Tausch und Abstimmung gekennzeichnet ist (vgl. PICOT ET AL. 2002: 3). „Ein Prozess ist die inhaltlich abgeschlossene, zeitliche und sachlogische Folge von Aktivitäten, die zur Bearbeitung eines betriebswirtschaftlich relevanten Objektes notwendig sind" (BECKER/KAHN 2005: 6). Unterschieden wird nach MICHAEL E. PORTER in Kern- und Supportprozesse, wobei erstere die direkte Wertschöpfung abbilden und letztere unterstützende Abläufe enthalten. „Die Trennung zwischen Kern- und Supportprozessen ist fließend, da in unterschiedlichen Kontexten und für unterschiedliche Unternehmungen derselbe Prozess Kern- und Supportprozess sein kann" (ebd.: 7). Diese Struktur aus sich überlagernden Haupt- und Nebensträngen haben ORMEL ET AL. (1999) mit der Mehrstufigkeit ihrer Produktionsfunktion abgebildet.

Eine Betrachtung des Prozesses beinhaltet per se keine Abkehr von der ergebnisorientierten Bewertung. Ein Prozess ist betriebswirtschaftlich gesehen dann gut, wenn er schnell, zuverlässig und kostengünstig zu einem bestimmten Ergebnis führt. Eine neue Perspektive eröffnet die Konzeption eines *Prozessnutzens*, also eines Nutzens, der aus dem Verfahren selbst herrührt.

> „The general concept of procedural utility means that people do not only care about outcomes, but also value the processes and conditions leading to outcomes. People often do not only care about the »what«, but also about the »how«, or yet in other words, they value the »means« beyond the »ends«" (BENZ 2005: 2).

In der allumfassenden Definition des Nutzenbegriffs kann der aus dem Prozess resultierende Nutzen als Teil des Ergebnisses uminterpretiert werden und so die Notion der Outputorientierung beibehalten werden. Die kategoriale Unterscheidung hilft aber, die verschiedenen Kanäle, über die Nutzen gestiftet wird, auseinander zu halten und qualitativ sowie quantitativ zu bestimmen. In der Konzeption des *Prozessnutzens*, wie sie sie BENZ (2005) und FREY ET AL. (2002) vorschlagen, ist der in dieser Arbeit vorgestellte reformulierte Nutzenbegriff als messbares subjektives Wohlbefinden wesentlicher Bestanteil. Das Verfahren bzw. die Behandlung von Menschen in Entscheidungsprozessen wirkt sich auf das Wohlbefinden des Einzelnen aus, weil dieser Interaktionen und seine Rolle in Institutionen nutzt, um sein Selbstbild zu entwickeln und zu überprüfen. Bestandteile des Selbstbildes sind Autonomie, Kompetenz und Einbindung.[97] Unfaire und seiner Ansicht nach unangemessene Behandlung beeinflusst diesen *sense of self* und somit das subjektive Wohlbefinden als eigenständiger Wirkungsmechanismus, der in einem komplexeren Zusammenhang mit dem erreichten Ergebnis steht.[98] Welche Prozesse als fair angesehen werden, ist zwar subjektiv, aber: „Nevertheless, it also indicates which objective procedures on average create procedural utility and which do not" (FREY ET AL. 2002). Aus der Psychologie kommen Indikatoren wie die Vertrauenswürdigkeit und die Unparteilichkeit der Autoritäten, eine respektvolle Behandlung und die Möglichkeit gehört zu werden bzw. eine Stimme zu haben.[99] Prozesse werden durch zwischenmenschliche Interaktionen und durch Institutionen getragen, wobei sich die Trägerschaft überschneidet. Über diese Konzeption findet zum einen die Mensch-Mensch-Beziehung wieder Eingang in die Ökonomie, aus der sie vorher durch die alleinige Betrachtung kontraktueller Verhältnisse ausgeschlossen wurde. Zum anderen gibt es wieder einen Anschlusspunkt für die Person selbst, die vorher als diffuser Inhaber von Präferenzen ausgeklammert wurde. Abbildung 5 fasst die wesentlichen Elemente des Prozessnutzens noch einmal zusammen.

---

[97] Vgl. BENZ (2005: 6). Darin sind die drei Bestandteile als „autonomy, competence and relatedness" aufgeführt. Mit BENZ' Definition von *relatedness* als „desire to feel connected to others in love and care, and to be treated as a respected group member within social groups" wird *Einbindung* als Übersetzung nachvollziehbar.

[98] Es wurden in verschiedenen Bereichen Messungen durchgeführt, wo der Prozess in Abhängigkeit vom Ergebnis verschieden bewertet wurde. FREY ET AL. (2002: 18) machen substitutive und komplementäre Effekte aus. Außerdem ist entscheidend, wem das Ergebnis zugerechnet wird (ebd. 18). Vgl, dazu auch LANE (1999: 115). Für HARSANYI (1982: 61) ist eine Alternative nur dann einer anderen vorzuziehen, wenn ihr Ergebnisnutzen plus Prozessnutzen maximal ist.

[99] FREY ET AL. (2002: 6) geben als eine solche Untersuchung TYLER ET AL. (1997) an.

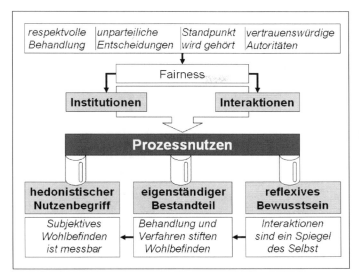

Abb. 5: Elemente und Determinanten des Prozessnutzens; *Eigene Darstellung in Anlehnung an FREY ET AL. (2002) und BENZ (2005)*

Die Produktion, sowohl im Bereich der Haushalte als auch im Bereich der Firmen, ist durch den Prozess des Wettbewerbs gekennzeichnet – durch eine ständige Konkurrenz bzw. durch Rivalität.

> „Es ist wesentlich für die Idee des Wettbewerbs und zugleich die Grundannahme des kompetitiven Handelns, dass manche Wünsche zwangsläufig enttäuscht werden und deshalb die Beziehung zwischen Gewinnern und Verlierern dauerhaft von wechselseitiger Abneigung und Feindschaft gekennzeichnet sein muss. Aus dem gleichen Grund dürfen im Wettbewerb erzielte Gewinne nur solange als sicher gelten, wie man sie aktiv und wachsam gegen Herausforderungen und Angriffe verteidigen kann. Der Konkurrenzkampf endet nie; seine Resultate sind niemals endgültig oder unumkehrbar" (BAUMANN 2000: 181).

Da Menschen dazu tendieren, sich nicht an absoluten Zielen zu orientieren sondern an ihrer gesellschaftlichen Stellung oder an ihrem Status, ist es folgerichtig, diese Logik auf die Analyse der Gesellschaft zu übertragen:

> „In unserer immer schneller werdenden Gesellschaft haben wir nur zwei Möglichkeiten: Entweder wir schaffen es mit Müh und Not und seufzen erleichtert auf – oder wir versagen. Dazwischen gibt es nichts mehr, es ist unmöglich ein vernünftig gestecktes Ziel in Ruhe zu erreichen. […] Es ist weltfremd zu fordern, es solle keinen Wettbewerb zwischen Menschen geben […]. Aber der Vergleich ist in jedem Falle wertvoller, wenn man sich an absoluten Maßstäben oder an der Leistung anderer orientiert, und nicht etwa daran, welchen Platz das eigene Ergebnis auf einer Hitliste einnimmt" (LAYARD 2005a: 181f).

Der Anreiz zu besserer Leistung, wie er üblicherweise in der Ökonomie als Vorteil des Wettbewerbs aufgeführt wird, kann zu einer Überreizung und damit zu einer Senkung des subjektiven Wohlbefindens umschlagen, die auch nicht mehr durch die Annehmlichkeit umfänglicherer Konsumption kompensiert werden kann. Verwiesen sei hier auf DURKHEIMS (1992: 293) und SCITOVSKYS Auffassung von Glück als Ergebnis mittlerer Tätigkeiten.[100] „Immer mehr Menschen haben den übertriebenen Ehrgeiz, alles mitzunehmen und bei allem ganz vorn dabei zu sein", konstatiert LAYARD (2005a: 217) und wendet dagegen ein: „Dieser Zwang zur kontinuierlichen Verbesserung ist der wahre Feind des Glücks".[101] Kurz und prägnant fasst LATOUCHE (2004: 86) zusammen: „Das Beste ist der Feind des Guten".

Interessanterweise besteht das Hitlisten-Denken aber wesentlich stärker in Bezug auf materielle Größen als beispielsweise Freizeit. Der erfolgreiche Versuch eine höhere Stufe zu erreichen bedeutet für alle anderen die Wahrnehmung auf eine niedrigere Stufe zu fallen. LAYARD (2005b) bewertet dies als externen Effekt und zieht daraus die Konsequenz, die so verzerrte Einkommens-Freizeit-Entscheidung[102] durch eine Steuer zu korrigieren.

Der Produktionsprozess auf Haushaltsseite ist, vereinfacht gesagt, durch die Kombination von Fähigkeiten und Zeit mit Marktgütern gekennzeichnet. Die Auswahl an Marktgütern, die durch den Wettbewerb ermöglicht wird, ist Teil des Produktionsprozesses und wird auf der einen Seite als positiv im Sinne einer die Autonomie unterstützenden Freiheit der Wahl bewertet.[103] HALLIWELL (2001: 53) wendet ein: „[T]he costs of decision-making and the possibility that knowing of more options will lessen satisfaction with the eventual choice […], we need to seriously consider the possibility that increased choice may reduce well-being". In Anknüpfung an die benthamschen Kategorien führt LANE (2000: 181ff) die „decision-making pains in the consumer culture" en detail aus: dabei scheint es eine Abnei-

---

[100] Vgl. auch MARTENSTEIN (2006), der in Auswertung einer großen Studie von ANDREW WHITE, notiert: „Die Leute mögen das Gemäßigte, Mittelgroße, Unspektakuläre".

[101] Gestützt werden diese Aussagen durch Studien, die sagen: „Maximierer bekommen zwar objektiv durch ihre intensive Optimierungsarbeit am Ende das bessere Ergebnis, aber sie sind weniger glücklich damit" (Layard 2005a: 217). So auch MARTENSTEIN (2006): „Menschen, die sehr vorsichtig sind, sorgfältig planen und alles genau abchecken, msind weniger glücklich als spontane Leute, die sich ohne großes Nachdenken durch ihr Leben treiben lassen".

[102] Vgl. dazu auch LANE (2000: 188).

[103] Vgl. BENZ (2005: 13f). Die Wahl von Gütern für die Produktion des Haushalts entspricht „Konsum" in der neoklassischen Wirtschaftstheorie.

gung zu geben, Informationen zu suchen und auszuwerten – und je mehr Informationen vorhanden sind, umso mehr schwerer lenken sie von den ursprünglichen Wünschen ab, weil die „Übersetzung" der Werbesprache schwer fällt. Die Ursache ist schlicht kognitive Überlastung. Ein anderer schmerzvoller Punkt ist es, wenn realisiert wird, dass der Käufer in eine der vielfältigen Fallen des modernen Marketings getappt ist. Selbstkontrolle ist eine wesentliche Komponente des Selbst und jeder Ausflug ins Kaufhaus verursacht Zweifel an dieser Fähigkeit. Überhaupt sei es ja die wesentliche Aufgabe der Werbung Mängel zu suggerieren, die dann mit entsprechenden Produkten zu befriedigen sind. Die Fähigkeit der Güter wesentliche Bedürfnisse wie Achtung und Wertschätzung zu befriedigen sei aber – entgegen aller Suggestion – gering. Weiterhin gebe es noch einen Widerspruch zur Ethik: während dort der Grundsatz gilt, den anderen mindestens so wichtig zu nehmen wie sich selbst, enthält der Wettbewerb die Botschaft sich wichtiger zu nehmen als die anderen.[104] Schließlich hafte dem Konsum selbst etwas Schandhaftes an, das möglicherweise verantwortlich für ein Unbehagen ist, das mit dem Prozess des Konsumierens einhergeht:

> "In many ways, the problem is not so much that people are made unhappy by the consumer culture as that they are happy with it all! [...] This story of the opprobrium attached to consumer culture has many facets: it fosters hedonism and a »rage to consum« (MARSHALL SAHLINS); it undermines its own work ethic by replacing it with a consumer ethic (DANIEL BELL); it encourages individuous comparisons (VEBLEN); it makes a fetish of money (MARX); because a consumer's happiness is thought to be purely relative, it leads to insatiable striving (mutatis mutandis, HOBBES, MACHIAVELLI); and it stimulates the appetites by each increase in wealth (DURKHEIM, LANGE)" (LANE 2000: 178, H.d.V.).

Auch die Allokation und Distribution kann als kontinuierlicher Prozess betrachtet werden, bei dem die Verteilung der Ergebnisse einer Volkswirtschaft heute die Möglichkeiten deren „Agenten" zur Allokation von morgen bestimmen. Zu einem gewissen Zeitpunkt von einer bestimmten Verteilung auszugehen und das Ergebnis des nach bestimmten Kriterien rationalen Verhaltens als richtig zu bewerten greift zu kurz. Einen Wirtschaftskreislauf zu betrachten heißt auch, und diesen Punkt betont die Konzentration auf den Prozess, die Fähigkeiten der Akkumulation und der Veränderung von Ressourcenverteilung zu beachten. DEDERICHS (1999: 130) verweist auf den Soziologen PIERRE BOURDIEU, der vor Schließungsprozessen warnt, denn ungleiche Verteilung „reproduziert Ungleichheiten durch un-

---

[104] Auch wenn hier im Wesentlichen die Verführung und Überreizung durch Werbung und nicht der Wettbewerb selbst als Quelle des Schmerzes identifiziert wird, so ist doch die „Produktinformation" Vorraussetzung für einen funktionierenden Wettbewerb. Anschlussfähig ist hier die Diskussion um Informationsasymmetrien. Vgl. dazu u.a. SYGNECKA (2003b).

gleiche Lebens- und Kontaktchancen".[105] Das Verhältnis von Ungleichheit und Glück ist komplex, aus dem abnehmenden Grenznutzen materieller Güter folgt aber, dass „bei einer Umverteilung von Einkommen von Reich zu Arm der Arme mehr an Glück hinzugewinnt, als der Reiche verliert. Je gleichmäßiger das Einkommen verteilt ist, desto glücklicher werden Menschen eines Landes im Schnitt sein" (LAYARD 2005a: 65).[106]

6.5 Wohlfahrt

Der Prozessnutzenansatz zeigt, wie der Weg zu einem bestimmten Ergebnis selbst zum Wohlbefinden der Menschen beiträgt (oder nicht). Bei der Gestaltung von Abläufen und Rahmenbedingungen ist demnach nicht nur auf das wahrscheinliche Resultat zu achten, sondern auch auf die Anforderungen und „Kosten" der Abläufe selbst. Die Bedeutung des Ergebnisses selbst bleibt gleichwohl hoch. Wie können die bisher gewonnen Erkenntnisse die Sicht auf Wohlfahrt als ökonomisches Ergebnis verbessern? Mit den formalisierten Ansätzen von YEW-KWANG NG und RICHARD LAYARD sollen die Möglichkeiten der alten Mittel, nämlich der Maximierung von Nutzenfunktionen, betrachtet werden, auf die neuen Einsichten zu reagieren.[107]

NG (2004) verwendet Wohlfahrt im Sinne der Fläche einer Funktion der positiven und negativen Gemütszustände über die Zeit, und setzt diese mit *Happiness* gleich. Einer solchen integralen Definition würde eine Diskontierung, abgesehen von der Ungewissheit, zukünftiger „affective feelings" widersprechen. Andererseits wäre der oben beschriebene Gewöhnungs- bzw. Adaptionseffekt und die relative Bewertung des eigenen Einkommens und Konsums zum Durchschnittsniveau der Gesellschaft (oder zumindest der Bezugsgruppe) mit diesem Ansatz modellierbar. Weiterhin wird der Ressourcenverbrauch bzw. die Umweltschädigung in ihrer negativen Auswirkung auf zukünftige *Happiness* einbezogen. In NG'S formaler Analyse sind Nutzen und Wohlfahrt jeweils von den gleichen Größen abhängig:

> „The utility level in each period depends on consumption c, leisure x, relative income R, environmental quality E, public good provision G. In addition, consumption now enters the utility function in the future to capture the health and adaptation effects" (NG 2003: 323).

---

[105] In diesem Sinne argumentiert SEN (2002) mit seinem Capabilities-Approach.

[106] Diese Aussage wird von LAYARD noch relativiert, behält aber ihre Tendenz.

[107] Neben diesen Ansätzen sei an BLANCHFLOWER/OSWALD (2004) und LAYARD (2005a: 296, FN 5; 309, FN 11und 311, FN 26) für „Glücksformeln" verwiesen, die Einflüsse der Vererbung, relatives Einkommen und Statusdenken berücksichtigen.

Um die Unterschiede zwischen *Preference* (für die Verwendung des herkömmlichen Nutzenbegriffs) und *Welfare* (für die Wohlfahrt als Integral über die Zeit) herauszuarbeiten, werden im Zwei-Perioden-Modell die zukünftigen Größen bei letzterem stärker diskontiert. NG (2003: 323) stellt folgende Gleichungen (mit *U=Utility*, *H=Happiness* und *r>r'*) auf:

$$V = U(c, x, R, E, G) + (1 - r)U^f(c, c^f, x^f, R^f, E^f, G^f) \qquad (2)$$

$$W = H(c, x, R, E, G) + (1 - r')H^f(c, c^f, x^f, R^f, E^f, G^f) \qquad (3)$$

Die *adaptation-theory*[108] impliziert zudem, dass c „increases H^f (happiness in the future) at low level of c and decreases H^f at high level of c" (ebd.: 323). So können für Arme und Reiche (im Sinne verschiedener Konsumlevel) die Ergebnisse unterschieden werden. In der Gegenüberstellung der Herleitungen der Einkommens/Freizeit-Entscheidungen aus der Nutzen- bzw. Wohlfahrtsmaximierung können Überbewertungen von relativen und absoluten Einkommenssteigerungen bzw. Konsumniveaus dargestellt werden. Übermäßiger Konsum wird definiert als Konsum, dessen marginaler Nutzen die marginale Wohlfahrt übersteigt (vgl. NG 2004: 276). In Folge dessen kommt der Autor zu dem Schluss, auch ökonomisches Wachstum könne überbewertet werden und aus verschiedenen Gründen sei ein die Wohlfahrt reduzierendes Wachstum denkbar.[109]

In LAYARDS (2005b) Darstellungen, die Ökonomen ermutigen sollen, „not to throw away our tools, but to use them in a more realistic way" (ebd.: 163), werden Gewöhnungseffekte und Effekte aus der relativen Bewertungen von Einkommen und Konsum (bei LAYARD: *rivalry*) getrennt hergeleitet und soziale mit individueller Wohlfahrt verglichen. Man könne demnach in intrinsischen Konsum (also Konsum, der für die Haushaltsproduktion notwendig ist) und extrinsischen Konsum (also dem vergeblichen Versuch, sich gegenüber seinen Mitmenschen einen Vorsprung zu verschaffen) unterscheiden. Bei der Berechnung individueller Wohlfahrt wird der Durchschnittskonsum und bei sozialer Wohlfahrt das Verhältnis des individuellen Konsums zum Durchschnittskonsum als gegeben angesehen. Wenn alle ihr Einkommen erhöhen, erhöht sich der relative (extrinsische) Konsum des Einzelnen nicht. Diese Erhöhung (und die dafür notwendige Mehrarbeit) „is simply inefficient" (ebd.: 155). Der Verzicht auf Freizeit, der daraus resultiert, das Menschen die schnelle Gewöhnung (und damit den nachlassenden „Nutzen" aus dem „intrinsischem

---

[108] Vgl. für eine grafische Darstellung NG (2003: 315f) und FREY/STUTZER (2002a: 78ff).

[109] In NG (2003) werden diese Ergebnisse als *propositions* aufgestellt und bewiesen, in NG (2004: 275ff) nur kurz wieder gegeben. Ich verzichte an dieser Stelle auf eine Reproduktion der Herleitungen.

Konsum") nicht in ihre Wahlhandlungen einbeziehen sei eine Verzerrung, die durch Steuern entzerrt werden könnte.

In der Diskussion um die Besteuerung des extrinsischen Konsums ist es zum einen schwer, diesen vom Gebrauchswert eines Gutes zu trennen. Von diesem methodischen Einwand abgesehen, muss natürlich die Idee der Unnötigkeit der Rivalität hinterfragt werden. Richtig ist, dass die Summe der Ränge in einer Gesellschaft aus einer festen Zahl an Individuen immer gleich bleibt. Richtig ist auch, dass jedem Aufstieg der Abstieg eines anderen gegenübersteht. LAYARD plädiert für eine Orientierung an absoluten Werten. Aufstiege zum Wert hin würden dann anders zu bewerten sein, als Aufstiege von diesem Wert weg. Was aber, wenn der relative Rang (also ein hoher expressiver Konsum) eine Vorraussetzung für die Erreichung des absoluten Wertes ist? Der Beitrag von Symbolen für die Zugänge zu Beziehungen, die dann wieder Einkommen und Arbeit versprechen, ist möglicherweise nicht zu unterschätzen. Status ist demnach nicht nur ein instrumentelles Ziel erster Ordnung im Sinne ORMELS sondern auch ein Mittel dritter oder vierter Ordnung.

7 Zusammenfassung

Der Nutzenbegriff hat seinen Ursprung in der Abkehr von der Arbeitswerttheorie und konnte sich in einer Phase der Konsolidierung der Wirtschaftswissenschaften etablieren, in der die Begeisterung für die formale Eleganz der allgemeinen Gleichgewichtstheorie auf eine allgemeine Skepsis gegenüber Regierungseliten traf. Über die Arbeiten von JEVONS und PIGOU lassen sich direkte Verbindungslinien zum Utilitarismus des beginnenden neunzehnten Jahrhunderts ausmachen. Dessen *Happiness*-Konzept enthält bereits einige Punkte, die im Nutzenbegriff aber konturierter auftreten. Die Maximierung ist zum analytischen Instrument erhoben, die Ich-Bezogenheit verabsolutiert und Regierungshandeln in Vergleich zum methodischen Individualismus marginalisiert wurden. Auch die Vergleichbarkeit aller Alternativen über die Rückführung auf eine Größe und die Anlage der Präferenz, die bei BENTHAM noch tendenziellen Charakter haben, sind im Konzept des Nutzens deutlich ausgeprägter.

Der Nutzenbegriff in der Ökonomie ist aber keine unantastbare Kategorie. Die Ausgrenzung der Bedürfnisbildung und ihren erheblichen Problemen, gesellschaftliche Wohlfahrt abzubilden sind blinde Flecken einer Theorie, die mit ihrer zirkulären Begründung von Rationalität und der Überhöhung von Konsums als vorrangiges Mittel zur Bedürfnisbefriedigung und von Effizienz als Maßstab des Handelns durch den dialektischen Bezug auf den Mangel methodische Mängel aufweist. Wie der Behaviorismus als psychologische Strömung die Entwicklung des Nutzenbegriffs befördert hat, kommen die Impulse für die Neubewertung des Begriffs ebenfalls aus der Psychologie. Die aktuelle Forschung um das subjektive Wohlbefinden erweitert den benthamschen Hedonismus als auch das Nutzenkonzept um die (wahrscheinliche) Potenz konkreter Sachverhalte, zum Wohlbefinden des Menschen beizutragen.

In den Bekenntnissen der ökonomischen Literatur wird das Bewusstsein der Ausschnitthaftigkeit ökonomischer Analyse noch gepflegt, praktisch wurde aber vor dem Problem der Reintegration anderer Aspekte gesellschaftlichen Lebens kapituliert und eine wachsende Produktionskapazität als allgemeingültiger Maßstab gewählt. Der Begriff des subjektiven Wohlbefindens ermöglicht diese Reintegration, indem sich die Wirkung ökonomischer Größen auf das Wohlbefinden mit der Wirkung anderer Größen, wie dem der sozialen Kohärenz, vergleichen lässt. Für letzteres wurde argumentiert, dass Dauerhaftigkeit und die Logik des Schenkens als Kennzeichen sozialer Beziehungen und familiären Zusammenhalts der ökonomischen Logik der schnellen Anpassung und des äquivalenten Tauschs widersprechen. Gerade aber weil ökonomisches Handeln auf Basis des Nutzenkonzeptes unpersönlich und damit flexibel sowie eindeutig durch Äquivalenz ist, suggeriert es die relativ unkomplizierte Erfüllung von Wünschen. Es wird zur dominanten Handlungsstrategie, obwohl es das Versprechen der Befriedigung von Bedürfnissen oft nicht halten kann. Erstens ist die Produktion von neuen Bedürfnissen systemimmanent und zweitens sind viele Bedürfnisse von ihrer Anlage her nicht über Märkte zu befriedigen. Auch wenn sich keine generellen Funktionszusammenhänge, wie ein monotoner trade-off oder ein komplementärer Zusammenhang, ausmachen lassen, so kann doch untersucht werden, welche speziellen Anforderungen von Märkten das Wohlbefinden der Menschen beeinflussen und welchen Einfluss die Ergebnisse marktlicher Transaktionen auf das Wohlbefinden haben.

Für das Einkommen wurde herausgearbeitet, dass es zum Teil nur über seine relative Höhe zum Wohlbefinden beiträgt und dass Einkommenserhöhungen von einem hohen Niveau aus das Wohlbefinden nur noch schwach steigern. Arbeit, die in der ökonomischen Theorie auf den damit verbundenen Verzicht auf Freizeit reduziert wird, kann durch die Unterscheidung intrinsischer und extrinsischer Belohnung vollständiger abgebildet werden. Konsum hat wie das Einkommen eine relationale Komponente und hat darüber hinaus nur eine eingeschränkte Potenz, das Wohlbefinden zu steigern. Die Ursache dafür ist unter anderem, dass Konsum nicht nur als Reaktion auf vorhandene Bedürfnisse zu verstehen ist, sondern Konsummöglichkeiten Mängel virulent werden lassen, die vorher nicht empfunden wurden. An dieser Stelle ist natürlich Vorsicht geboten, denn die Unterscheidung zwischen Gütern, die vorhandenen Bedarf befriedigen und insofern nützlich im Sinne eines höheren Wohlbefindens sind, und solchen, die Bedarf wecken und somit das Wohlbefinden eher reduzieren, ist praktisch schwierig und lädt zu willkürlicher Zuordnung ein.

Ein Exkurs der Arbeit beschäftigte sich mit der Vorstellung der Maximierung des Glücks, verstanden als subjektives Wohlbefinden. Es wurden die Probleme der sozialen Wahl behandelt, ethische Fragen angesprochen und auf individueller Ebene experimentell ermittelte „Disfunktionalitäten" dargestellt. Neben Aspiration, Adaptation, Endowment-Effekt, Non-Linear-Decision-Weights, Peak-End-Rule und Loss-Aversion ist das Problem der Abschätzung zukünftiger Geschmäcker zu nennen. Derartiges Verhalten ist nur dann disfunktional, wenn strikt rationales Verhalten im Sinne einer integralen Evaluation „schöner" und „unschöner" Ereignisse einen normativen Charakter hätte. Dieses ist aber weder von einer positiven Ökonomie gewollt, noch findet es philosophisch-ethische Unterstützung, so dass die Maximierung als Heuristik für die Erklärung menschlichen Verhaltens nur eingeschränkt geeignet ist.

Da die Bestandteile ökonomischen Handelns, nämlich die Abstimmung individueller Präferenzen auf Märkten, als unzureichende Komponenten für ein umfassendes Verständnis menschlichen Wohlbefindens beschrieben wurden, müsste eine Ökonomie auf Basis des Glücks eine neue Perspektive bekommen. Es wurde vorgeschlagen, einen erweiterten Produktionsbegriff zu nutzen und einen genaueren Fokus auf Prozesse des Wirtschaftens zu richten. Beides verspricht keine analytische Herleitung optimaler Zustände sondern ermöglicht die Wirkung institutioneller Bedingungen differenzierter zu verstehen und mit anderen Alternativen als diskrete Größen zu vergleichen. Die Berücksichtigung von Überreizung, Selbstkontrolle und Akkumulationsprozessen zeigt beispielhaft, welche negativen Wirkungen Wettbewerb auf das Wohlbefinden haben kann. Es ist zweifelhaft, ob diese Wirkungen durch höheren Konsum kompensiert werden können. Es schließt sich hier die Frage an, ob eine Entschleunigung möglich ist, ab wann die positiven Anreizwirkungen verloren gehen und auf welcher Ebene (z.B. individuell, kommunal oder global) angesetzt werden müsste. Zugleich ist zu klären, welche distributiven Wirkungen sich dadurch entfalten und ob es nicht lediglich im Interesse einer sozusagen gesättigten Schicht ist, die alles besitzt und nun keine Lust mehr hat, dies ständig zu verteidigen.

Zu diesen eher generellen Überlegungen habe ich zwei Ansätze vorgestellt, die psychologischen Erkenntnisse in die Wohlfahrtsökonomie einzubauen: NG zieht daraus die Schlussfolgerung, man könne die Wohlfahrt reduzierendes Wachstum identifizieren und LAYARD fordert die Besteuerung eines (hinsichtlich des Wohlbefinden) wirkungslosen Statuswettlaufs und der Fehlantizipation der Gewöhnung. Die konkrete Unterfütterung dieser und anderer „Glücksfunktionen" geschieht durch ökonometrische Verfahren, die hier aber nicht dargestellt wurden.

Mit dieser Arbeit soll nicht in Frage gestellt werden, dass Menschen abwägen und unter verschiedenen Möglichkeiten diejenige wählen, die ihnen am besten erscheint. Ziel war es, die Bedingungen und die beschränkte Reichweite solcher Wahl nach Nutzenkalkulation zu beschreiben und einen Begriff vorzustellen, der die Spezifikationen solcher Beschränkungen ermöglicht. Mit dem Begriff des subjektiven Wohlbefindens kann ökonomisches Handeln in Bezug zur sozialen Umwelt gebracht werden und das ökonomische Handeln als Handlung (und nicht nur deren Ergebnis) betrachtet und beurteilt werden.

Literaturverzeichnis

Agamben, Gorgio (2001): Lebens-Form; in: ebd.: Mittel ohne Zweck: Noten zur Politik; Freiburg: Diaphenes; S. 13-20.

Aristoteles (2006): Nikomachische Ethik (übersetzt von Ursula Wolf); Reinbek: Rowohlt.

Arrow, Kenneth (1963): Social Choice and Individual Values; New York: Wiley.

Backhouse, Roger E. (2006): History of Economics; in: Beckert, Jens / Zafirovski, Milan (Hrsg.): International Encyclopedia of Economic Sociology; London: Routledge; S. 210-216.

Baumann, Zygmunt (2000): Vom Nutzen der Soziologie; Frankfurt am Main: Suhrkamp.

Becker, Gary S. / Michael, Robert T. (1993): Zur neuen Theorie des Konsumverhaltens (Nachdruck, erschienen 1973 im Swedish Journal of Economics); in: Becker, Gary S. (Hrsg.): Der ökonomische Ansatz zur Erklärung menschlichen Verhaltens; Tübingen: Mohr Siebeck; S. 145-166.

Becker, Gary S.: (1993): Der ökonomische Ansatz zur Erklärung menschlichen Verhaltens; in: ebd. (Hrsg.): Der ökonomische Ansatz zur Erklärung menschlichen Verhaltens; Tübingen: Mohr Siebeck; S. 1-15.

Becker, Jörg / Kahn, Dieter (2005): Der Prozess im Fokus; in: Becker, Jörg et al. (Hrsg.): Prozessmanagement, 4. Aufl.; Berlin: Springer; S. 3-16.

Beckert, Jens (1997): Grenzen des Marktes. Die sozialen Grundlagen wirtschaftlicher Effizienz; Franfurt am Main: Campus.

Bentham, Jeremy (1781): An Introduction to the Principles of Morals and Legislation; abgerufen am 14.03.2006 unter der URL
http://socserv.mcmaster.ca/econ/ugcm/3ll3/bentham/morals.pdf.

Benz, Matthias (2005): The Relevance of Procedural Utility for Economics; Working Paper No. 256 des Institute for Empirical Research in Economics; abgerufen am 6.04.2006 unter der URL http://www.iew.unizh.ch/wp/iewwp256.pdf.

Blanchflower, David G. / Oswald, Andrew J. (2004): Well-Being over time in Britain and the USA; in: Journal of Public Economics, Vol. 88; S. 1359-1386.

Bohnen, Alfred (1992): Der hedonistische Kalkül und die Wohlfahrtsökonomik; in: Gähde, Ulrich / Schrader, Wolfgang H. (Hrsg.): Der klassische Utilitarismus. Einflüsse – Entwicklungen – Folgen; Berlin: Akademie; S.318-339.

Böhnke, Petra (2005): First European Quality of Life Survey: Life satisfaction, happiness and sense of belonging; Dublin: European Foundation for the Improvement of Living and Working Conditions; abgerufen am 12.06.2006 unter der URL http://www.eurofound.eu.int/pubdocs/2005/91/en/1/ef0591en.pdf.

Bourdieu, Pierre (1982): Die feinen Unterschiede; Frankfurt am Main: Suhrkamp.

Brickman, Philip / Campbell, Donald T. (1971): Hedonic Relativism and Planing the Good Society; in: Aplley, Mortimer H. (Hrsg.): Adaption Level Theory: A Symposium; New York: Academic Press; S. 287-301.

Brickman, Philip et al. (1978): Lottery winners and accident victims: Is Happiness relative?; in: Journal of Personality and Social Psychology, Vol. 36; S. 917-927.

Bruni, Luigino / Porta, Pier Luigi (2005): Introduction; in: ebd. (Hrsg.): Economics and Happiness. Framing the Analysis; Oxford: Oxford; S. 1-28.

Caillé, Alain (2006): Utilitarianism; in: Beckert, Jens / Zafirovski, Milan (Hrsg.): International Encyclopedia of economic Sociology; London: Routledge. S. 697-699.

Caspari, Thomas (2006): Bruttosozialglück; abgerufen am 12.06.2006 unter der URL http://www.thomas-caspari.com/bhutan/gnh/index.htm.

Csikszentmihalyi, Mihaly (2005): Flow. Das Geheimnis des Glücks, 12.Aufl; Stuttgart: J.G. Cotta.

Debreu, Gerard (1959): The Theory of Value; New Haven: Yale University.

Dederichs, Andrea Maria (1999): Das soziale Kapital in der Leistungsgesellschaft. Emotionalität und Moralität in »Vetternwirtschaften«; Münster: Waxmann.

Der Spiegel (2006): „Kinder wirken wie Heroin", Interview mit Daniel Gilbert von Johann Grolle und Jörg Blech; Der Spiegel 31/2006; S. 118-120.

Di Tella, Rafael et al. (2003): The Macroeconomics of Happiness; in: The Review of Economics and Statistics, Vol. 85; S. 809–827; abgerufen am 11.01.2005 unter der URL http://www.msu.edu/course/aec/923/di_tella_et_al_2003_ happiness.pdf.

Diener, Edward (1984): Subjective Well-Being: in: Psychological Bulletin, Vol. 95; S.542-575.

Dinwiddy, John (1989): Bentham; Oxford: Oxford.

Döbert, Rainer et al. (1980): Zur Einführung; in: ebd. (Hrsg.): Entwicklung des Ichs; Königstein: Athenäum.

Donovan, Nick / Halpern, David (2002): Life-Satisfaction: the state of knowledge and implications for government; abgerufen am 28.03.2006 unter der URL http://www.strategy.gov.uk/downloads/seminars/ls/paper.pdf.

Duncker, Karl (1941): On pleasure, emotion, and striving; in: Philosophy and Phenomenological Research, Vol. 1; S. 391-430.

Durkheim, Emile (1992 [1930]): Über soziale Arbeitsteilung- Studie über die Organisation höherer Gesellschaften. Frankfurt am Main: Suhrkamp.

Easterlin, Richard (1974): Does Economic Growth Improve the Human Lot?; in: David, Paul / Reder, Melvin (Hrsg.): Nations and Households in Economic Growth: Essays in Honor of Moses Abramowitz; New York: Academic Press; S. 89-125.

Fehige, Christoph / Wessels, Ulla (1998): Preferences – an Introduction; in: ebd. (Hrsg.): Preferences; Berlin: de Gruyter; S. XX-XLII.

Forschner, Maximilian (1997): Pflicht; in: Höffe, Otfried (Hrsg.): Lexikon der Ethik; München, Beck; S.228-230.

Frey, Bruno S. / Stutzer, Alois (2000a): Happiness, Economy and Institutions; in: The Economic Journal, Vol. 110; S. 918-938).

Frey, Bruno S. / Stutzer, Alois (2000b): Maximizing Happiness?(erschienen in: German Economic Review; Vol. 1; S. 145 – 167); abgerufen am 20.02.2006 als Working Paper No. 22 des Institute for Empirical Research in Economics der Universität Zürich unter der URL http://ideas.repec.org/p/zur/iewwpx/022.html.

Frey, Bruno S. / Stutzer, Alois (2002a): Happiness and Economics. How the Economy and Institutions Affect Human Well-Being; Princeton: Princeton University.

Frey, Bruno S. / Stutzer, Alois (2002b): What can Economists Learn from Happiness Research?; in: Journal of Economic Literature, Vol. XL, S. 402-435.

Frey, Bruno S. et al. (2002): Introducing procedural utility: Not only What, but also How matters (erschienen in: Journal of Institutional and Theoretical Economics, Vol. 160 (2004), Nr. 3; S.377-401); abgerufen am 6.04.2006 als Working Paper No. 129 des Institute for Empirical Research in Economics unter der URL http://www.iew.unizh.ch/wp/iewwp129.pdf.

Friemel, Kerstin (2004): Vom Nutzen der Liebe; in: McK Wissen, Nr. 11, S. 78-83.

Gähde, Ulrich (1992): Zum Wandel des Nutzenbegriffs im klassischen Utilitarismus; in: Gähde, Ulrich / Schrader, Wolfgang H. (Hrsg.): Der klassische Utilitarismus. Einflüsse – Entwicklungen – Folgen; Berlin: Akademie; S. 83-110.

Gähde, Ulrich / Schrader, Wolfgang H. (1992): Vorwort; in: ebd. (Hrsg.): Der klassische Utilitarismus. Einflüsse – Entwicklungen – Folgen; Berlin: Akademie; S. 7-9.

Gilbert, Daniel (2006): Ins Glück stolpern; München: Riemann.

Granovetter, Mark S. (2001): Economic Action and Social Structure: The Problem of Embeddedness; in: Granovetter, Mark S. / Swedberg, Richard (Hrsg.): The Sociology of Economic Life; Cambridge: Westview; S. 51-76.

Halpern, David (2005): Social Capital. Oxford: Polity.

Harsanyi, John C. (1982): Morality and the theory of rational behavior; in: Sen, Armartya / Williams, Bernard (Hrsg.): Utilitarianism and beyond; Cambridge: Cambridge University; S. 39-62.

Hart, Herbert Lionel Adolphus (1968): Duty; in: Sills, David L. (Hrsg.): International Encyklopedia of the Social Sciences; o.O.: Macmillan; S.320-324.

Headey, Bruce / Wearing, Alexander (1992): Understanding Happiness. Melbourne: Longman Cheshire.

Helliwell, John F. (2001): Social Capital, the Economy and Well-Being; in: The Review of Economic Performance and Social Progress; 2001; S.43-60.

Hesse, Helga (2003): Jevons, William Stanley; in: ebd. (Hrsg.): Ökonomen-Lexikon; Düsseldorf: Wirtschaft und Finanzen; S.171.

Höffe, Otfried (1992): Zur Theorie des Glücks im klassischen Utilitarismus; in: ebd.: Ethik und Politik. Grundmodelle und Probleme der praktischen Philosophie; Frankfurt am Main: Suhrkamp; S. 120-159.

Höffe, Ottfried (1997): Freude; in: ebd. (Hrsg.): Lexikon der Ethik, 5.Aufl.; München: Beck.

Jevons, William Stanley (1871): The Theory of Political Economy; abgerufen am 16.07.2006 unter der URL http://socserv.mcmaster.ca/econ/ugcm/3ll3/jevons/TheoryPoliticalEconomy.pdf

Kahneman et al. (1997): Back to Bentham? Explorations of Experienced Utility; in: Quarterly Journal of Economics, Vol.112; S. 375-405.

Kahneman, Daniel (2000a): Experienced Utility and Objective Happiness: A Moment-Based Approach; in: Kahneman, Daniel / Tversky, Amos (Hrsg.): Choices, Values, and Frames; Cambridge: Cambridge University; S. 673-692.

Kahneman, Daniel (2000b): New Challenges to the Rationality Assumption (Nachdruck, erschienen 1994 im Journal of Institutional and Theoretical Economics); in: Kahneman, Daniel / Tversky, Amos (Hrsg.): Choices, Values, and Frames; Cambridge: Cambridge University; S. 758-774.

Kubon-Gilke, Gisela (2004): Das Arrow-Unmöglichkeitstheorem und das Phänomen des leeren Kerns in Abstimmungsverfahren; Arbeitspapiere aus der Evangelischen Fachhochschule Darmstadt Nr.1; abgerufen am 26.06.2006 unter der URL http://web.efhd.de/Arbeitspapiere_Nr_1.pdf.

Laktatos, Imre (1974): Falsifikation und Methodologie wissenschaftlicher Forschungsprogramme; in: Laktatos, Imre / Musgrave, Alan (Hrsg.): Kritik und Erkenntnisfortschritt; Braunschweig: Vieweg; S. 129-134.

Lane, Robert E. (1999): Dimishing Returns to Income, Companionship- and Happiness; in: Journal of Happiness Studies; Vol. 1; S.103-119.

Lane, Robert E. (2000): The Loss of Happiness in Market Democracies; New Haven et al: Yale University.

Latouche, Serge (2004): Die Unvernunft der ökonomischen Vernunft. Vom Effizienzwahn zum Vorsichtsprinzip; Zürich/Berlin: Diaphanes.

Layard, Richard (2005a): Die glückliche Gesellschaft; Frankfurt am Main: Campus.

Layard, Richard (2005b): Rethinking Public Economics: The Implications of Rivalry and Habit; in: Bruni, Luigino / Porta, Pier Luigi (Hrsg.): Economics and Happiness. Framing the Analysis; Oxford: Oxford; S. 147-169.

Luhmann, Niklas (1988): Die Wirtschaft der Gesellschaft; Frankfurt am Main: Suhrkamp.

Luhmann, Niklas (1998): Die Gesellschaft der Gesellschaft; Frankfurt am Main: Suhrkamp.

Martenstein, Harald (2006): Da kann man von Glück reden; in: Potsdamer Neueste Nachrichten vom 28.07.2006, S.2.

Maslow, Abraham (1970): Motivation and Personality; New York: Harper.

Menger, Carl (1999): Die Lehre vom Wert (orthografisch angepasster Nachdruck des dritten Kapitels aus Menger, Carl (1871): Grundsätze der Volkswirtschaftslehre; Wien: Braumüller;.; in: Leube, Kurt R. (Hrsg.): Von Menger bis Mises; Frankfurt am Main: Frankfurter Allgemeine Zeitung; S.45-82.

Mill, John Stuart (1976 [1871]): Der Utilitarismus. Stuttgart: Reclam.

Mirrlees, J.A. (1982): The economic uses of utilitarianism; in: Sen, Armartya / Williams, Bernard (Hrsg.): Utilitarianism and beyond; Cambridge: Cambridge University; S. 63-84.

Mosselmann, Bert (2006): Utility; in: Beckert, Jens / Zafirovski, Milan (Hrsg.): International Encyclopedia of economic Sociology; London: Routledge. S. 699-700.

Müller, Mario (2004): Wahrer Reichtum; in: Frankfurter Rundschau vom 07.09.2004, S.10.

Ng, Yew-Kwang (1999): Utility, informed preference, or happiness: Following Harsanyi's Argument to its logical conclusion; in: Social Welfare; Vol. 16; S.197-216.

Ng, Yew-Kwang (2004): Welfare Economics; Houndmills et al: Palgrave Macmillan.

Ng, Yew-Kwang. (2003): From Preference to Happiness: Towards a more Complete Welfare Economics; in: Social Choice and Welfare; Vol. 20; S. 307-350.

Nussbaum, Martha (2005): Mill between Aristotle and Bentham; in: Bruni, Luigino / Porta, Pier Luigi (Hrsg.): Economics and Happiness. Framing the analysis; Oxford: Oxford; S. 170-183.

Offe, Claus / Fuchs, Susanne (2001): Schwund des Sozialkapitals? Der Fall Deutschland; in: Putnam, Robert D. (Hrsg.): Gesellschaft und Gemeinsinn. Sozialkapital im internationale Vergleich; Gütersloh: Bertelsmann Stiftung; S. 417-514.

ORF (2006): „Weltkarte des Glücks" – Österreich an dritter Stelle; abgerufen am 01.07.2006 unter der URL http://science.orf.at/science/news/145262.

Ormel, Johan / Lindenberg, Siegbert / Steverink, Nardi / Verbrugge, Lois, M. (1999): Subjective Well-Being and Social Production Functions; in: Social Indicators Research; Vol. 46; S.61-90.

Parsons, Talcott (1934): Some Reflections on 'The Nature and Significance of Economics'; in: Quarterly Journal of Economics, Vol. 48; S.511-545.

Parsons, Talcott (1937): The Structure of Social Action, New York: Free Press.

Parsons, Talcott / Smelser, Neil J. (1984 [1956]): Economy and Society. A Study in the Integration of Economic and Social Theory; London: Routledge & Kegan Paul.

Pasinetti, Luigi (2005): Paradoxes of Happiness in Economics; in: Bruni, Luigino / Porta, Pier Luigi (Hrsg.): Economics and Happiness. Framing the analysis; Oxford: Oxford; S. 336-344.

Picot, Arnold et al. (2002): Organisation. Eine ökonomische Perspektive, 3.Aufl.; Stuttgart: Schäffer-Poeschel.

Pollard, Sidney (1992): Der klassische Utilitarismus: Einflüsse, Entwicklungen, Folgen; in: Gähde, Ulrich / Schrader, Wolfgang H. (Hrsg.): Der klassische Utilitarismus. Einflüsse – Entwicklungen – Folgen; Berlin: Akademie; S.10-33.

Reuter, Norbert (1999): Der Wert des Wertes – Werttheoretische Grundlagen einer Ökonomik des Glücks; in: Bellebaum, Alfred et al. (Hrsg.): Ökonomie und Glück. Beiträge zu einer Wirtschaftslehre des guten Lebens; Opladen: Westdeutscher; S. 78-104.

Richert, Robert (1996): Eudaimonistische Wirtschaftstheorie; Frankfurt am Main u.a.: Peter Lang.

Rozin, Paul (1999): Preadaptation and the Puzzles of Properties of Pleasure; in: Kahneman, Daniel et al. (Hrsg.): Well-being : the foundations of hedonic psychology; New York: Sage; S. 109-133.

Schaaff, Herbert (1991): Kritik der eindimensionalen Wirtschaftstheorie zur Begründung einer ökologischen Glücksökonomie; Frankfurt am Main: Harri Deutsch.

Schöler, Klaus (1999): Grundlagen der Mikroökonomik; München: Vahlen.

Schumpeter, Joseph A. (1965): Geschichte der ökonomischen Analyse, Band I; Göttingen: Vandenhoeck & Ruprecht.

Schwemmer, Oswald (o.J.): Pflicht; in: Enzyklopädie Philosophie und Wissenschaftstheorie Band 3; Stuttgart et al.: Metzeler; S.109-111.

Scitovsky, Tibor (1989): Psychologie des Wohlstands. Die Bedürfnisse des Menschen und der Bedarf des Verbrauchers; Frankfurt am Main: Campus.

Sen, Amartya (2002): Ökonomie für den Menschen. Wege zur Gerechtigkeit und Solidarität in der Marktwirtschaft; München: Deutscher Taschenbuch.

Sen, Armartya / Williams, Bernard (1982): Introduction: Utilitarianism and beyond; in: ebd. (Hrsg.): Utilitarianism and beyond; Cambridge: Cambridge University; S. 1-21.

Sennett, Richard (2000): Der flexible Mensch. Die Kultur des neuen Kapitalismus; Berlin: Siedler.

Sidgwick, Henry (2006 [1874]): The Methods of Ethics, abgerufen am 04.08.2006 unter der URL http://www.la.utexas.edu/research/poltheory/sidgwick/me/.

Singer, Peter (1994): Praktische Ethik; Stuttgart: Reclam.

Stutzers, Alois (2003): Eine ökonomische Analyse menschlichen Wohlbefindens; abgerufen am 01.02.2006 unter der URL
http://www.iew.unizh.ch/home/stutzer/downloads/Stutzer_WohlbefindenOnline.pdf

Sygnecka, Sven (2003a): Gesundheit: soziale Schutzzone oder ökonomisches Problemkind?; abgerufen am 01.06.2006 unter der URL http://www.stud.uni-potsdam.de /~sygnecka/dokumente/gesundheit.pdf.

Sygnecka, Sven (2003b): Information in der Ökonomie; abgerufen am 01.06.2006 unter der URL http://www.stud.uni-potsdam.de/~sygnecka/dokumente/ information.pdf.

Sygnecka, Sven (2004): Wie rational ist Konsum?; abgerufen am 01.06.2006 unter der URL http://www.stud.uni-potsdam.de/~sygnecka/dokumente/ ha_konsum.pdf.

Sygnecka, Sven (2005): Freiheit im Neoliberalismus – geschlechtsneutral oder geschlechtsblind?; abgerufen am 01.06.2006 unter der URL http://www.stud.uni-potsdam.de/~sygnecka/dokumente/freiheit.pdf.

Telser, Lester G. (1996): Competition and the Core; in: Journal of Political Economy, Vol. 104; S. 85-107.

Thinley, Lyonpo Jigme (1999): Values and Development: Gross National Happiness; in: Kinga, Sonam et al. (Hrsg.): Gross National Happiness; abgerufen am 04.08.2006 unter der URL http://www.bhutanstudies.org.bt/publications/gnh/gnh.htm.

Tönnies, Ferdinand (1991 [1887]): Gemeinschaft und Gesellschaft. Grundbegriffe der reinen Soziologie; Darmstadt: Wissenschaftliche Buchgesellschaft.

Tversky, Amos / Kahneman, Daniel (2000): Advances in Prospect Theory. Cumulative Representation of Uncertainty (Nachdruck, erschienen 1992 im Journal of Risk and Uncertainty); in: Kahneman, Daniel / Tversky, Amos (Hrsg.): Choices, Values, and Frames; Cambridge: Cambridge University; S. 44-65.

UCL (2006): The Bentham Project; abgerufen am 26.05.2006 unter der URL http://www.ucl.ac.uk/Bentham-Project/.

Walras, Léon (1972 [1881]): Mathematische Theorie der Preisbestimmung der wirtschaftlichen Güter; Glashütten (Taunus): Avermann.

White, Andrew (2006): The World Map of Happiness; abgerufen am 01.07.2006 unter der URL http://www.le.ac.uk/pc/aw57/world/sample.html.

Zamagni, Stefano (2005): Happiness and Individualism: a very difficult Union; in: Bruni, Luigino / Porta, Pier Luigi (Hrsg.): Economics and Happiness. Framing the analysis; Oxford: Oxford; S. 303-335.

Zinn, Karl Georg (1999): Bedürfnisse als Basis des Wirtschaftens – Entwicklungen im sozialökonomischen Denken und Bedeutung für eine neue ökonomische Wissenschaft; in: Bellebaum, Alfred et. al (Hrsg.): Ökonomie und Glück; Opladen: Westdeutscher; S. 124-156.

6271563R00053

Printed in Germany
by Amazon Distribution
GmbH, Leipzig